suhrkamp taschenbuch 3129

Die in den frühen vierziger Jahren geschriebenen Dialoge der *Flüchtlingsgespräche* handeln vom Alltag der aus Deutschland Vertriebenen, vertreten durch den Intellektuellen Ziffel und den Arbeiter Kalle, die sich im Restaurant des Hauptbahnhofs von Helsinki über die internationale Lage (deutsche Truppen haben Dänemark und Norwegen besetzt und rücken in Frankreich vor) und die eigene Situation unterhalten: »Der Paß ist der edelste Teil von einem Menschen.«

Der Text dieser Ausgabe folgt der großen kommentierten Berliner und Frankfurter Ausgabe *Werke in 30 Bänden*, Band 18: Prosa 3 (1995), die um vier zusätzliche, noch nicht auf die Sprecher verteilte Texte erweitert wurde.

Bertolt Brecht, geboren 1898 in Augsburg, starb 1956 in Berlin. Er ist einer der bedeutendsten Dramatiker und Lyriker des 20. Jahrhunderts.

Bertolt Brecht
Flüchtlingsgespräche

Erweiterte Ausgabe

Suhrkamp

Der Text dieser Ausgabe folgt
der großen kommentierten Berliner und Frankfurter Ausgabe
Werke in 30 Bänden, Band 18: Prosa 3 (1995)

8. Auflage 2023

Erste Auflage 2000
suhrkamp taschenbuch 3129
© Brecht-Erben und Suhrkamp Verlag AG, Berlin
Alle Rechte vorbehalten. Wir behalten uns auch eine Nutzung des Werks
für Text und Data Mining im Sinne von § 44b UrhG vor.
Umschlag nach Entwürfen von Willy Fleckhaus und Rolf Staudt
Druck: C.H. Beck, Nördlingen
Printed in Germany
ISBN 978-3-518-39629-2

www.suhrkamp.de

Flüchtlingsgespräche

> He knew that he was still alive.
> More he could not say.
> (Woodhouse)

1 Über Pässe / Über die Ebenbürtigkeit von Bier und Zigarre / Über die Ordnungsliebe

Die Kriegsfurie hatte Europa halb abgegrast, aber sie war noch jung und hübsch und überlegte es sich, wie sie noch einen Sprung nach Amerika hinüber machen könnte, als im Bahnhofsrestaurant von Helsingfors zwei Männer saßen und, sich ab und zu vorsichtig umblickend, über Politik redeten. Der eine war groß und dick und hatte weiße Hände, der andere von untersetzter Statur mit den Händen eines Metallarbeiters. Der Große hielt sein Bierglas hoch und durchschaute es.

DER GROSSE
Das Bier ist kein Bier, was dadurch ausgeglichen wird, daß die Zigarren keine Zigarren sind, aber der Paß muß ein Paß sein, damit sie einen in das Land hereinlassen.

DER UNTERSETZTE
Der Paß ist der edelste Teil von einem Menschen. Er kommt auch nicht auf so einfache Weise zustand wie ein Mensch. Ein Mensch kann überall zustandkommen, auf die leichtsinnigste Art und ohne gescheiten Grund, aber ein Paß niemals. Dafür wird er auch anerkannt, wenn er gut ist, während ein Mensch noch so gut sein kann und doch nicht anerkannt wird.

DER GROSSE
Man kann sagen, der Mensch ist nur der mechanische Halter eines Passes. Der Paß wird ihm in die Brusttasche gesteckt wie die Aktienpakete in das Safe gesteckt werden, das an und für sich keinen Wert hat, aber Wertgegenstände enthält.

DER UNTERSETZTE
Und doch könnt man behaupten, daß der Mensch in gewisser Hinsicht für den Paß notwendig ist. Der Paß ist die Hauptsach,

Hut ab vor ihm, aber ohne dazugehörigen Menschen wär er nicht möglich oder mindestens nicht ganz voll. Es ist wie mit dem Chirurg, er braucht den Kranken, damit er operieren kann, insofern ist er unselbständig, eine halbe Sach mit seiner ganzen Studiertheit und in einem modernen Staat ist es ebenso; die Hauptsach ist der Führer oder Duce, aber sie brauchen auch Leut zum Führen. Sie sind groß, aber irgend jemand muß dafür aufkommen, sonst gehts nicht.

DER GROSSE
Die beiden Namen, die Sie erwähnt haben, erinnern mich an das Bier und die Zigarren hier. Ich möcht sie als führende Marken ansehen, das Beste, was hier zu haben ist, und ich seh einen glücklichen Umstand darin, daß das Bier kein Bier ist *und* die Zigarre keine Zigarre, denn wenn da zufällig keine Übereinstimmung bestände, wär das Restaurant kaum zu führen. Ich nehm an, daß der Kaffee auch kein Kaffee ist.

DER UNTERSETZTE
Wie meinen Sie das, glücklicher Umstand?

DER GROSSE
Ich mein, das Gleichgewicht ist wiederhergestellt. Sie brauchen den Vergleich miteinander nicht zu scheun und können Seit an Seit die ganze Welt herausfordern, keiner von ihnen find einen bessern Freund und ihre Zusammenkünfte verlaufen harmonisch. Anders, wenn der Kaffee zum Beispiel ein Kaffee und nur das Bier kein Bier wär, möchte die Welt leicht das Bier minderwertig schimpfen, und was dann? Aber ich halt Sie von Ihrem Thema ab, dem Paß.

DER UNTERSETZTE
Das ist kein so glückliches Thema, daß ich mich nicht von ihm abhalten lassen möcht. Ich wunder mich nur, daß sie grad jetzt so aufs Zählen und Einregistrieren der Leut aus sind, als ob ih-

nen einer verlorengehen könnt, sonst sind sie jetzt doch nicht so. Aber sie müssen ganz genau wissen, daß man der und kein anderer ist, als obs nicht völlig gleich wär, wens verhungern lassen.

Der Große, Dicke stand auf, verbeugte sich und sagte: Mein Name ist Ziffel, Physiker. Der Untersetzte schien zu überlegen, ob er ebenfalls aufstehen sollte, ermannte sich jedoch dann und blieb sitzen. Er brummte: Nennen Sie mich Kalle, das genügt.
    Der Große setzte sich wieder und nahm einen übelnehmerischen Zug aus seiner Zigarre, über die er sich schon mehrere Male beschwert hatte, bevor er wieder sprach.

ZIFFEL
Die Sorge für den Menschen hat in den letzten Jahren sehr zugenommen, besonders in den neuen Staatengebilden. Es ist nicht wie früher, sondern der Staat kümmert sich. Die großen Männer, die an mehreren Orten Europas aufgetaucht sind, zeigen ein großes Interesse an Menschen und können nicht genug davon kriegen. Sie brauchen viele. Am Anfang hat man sich die Köpfe darüber zerbrochen, warum der Führer überall in den Randgebieten Menschen aufgesammelt und nach dem Inneren Deutschlands transportiert hat. Erst jetzt im Krieg ists klar geworden. Er hat einen ziemlichen Verschleiß und braucht einen Haufen. Aber die Pässe gibts hauptsächlich wegen der Ordnung. Sie ist in solchen Zeiten absolut notwendig. Nehmen wir an, Sie und ich liefen herum ohne Bescheinigung, wer wir sind, so daß man uns nicht finden kann, wenn wir abgeschoben werden sollen, das wär keine Ordnung. Sie haben vorhin von einem Chirurgen gesprochen. Die Chirurgie geht nur, weil der Chirurg weiß, wo zum Beispiel der Blinddarm sich aufhält im Körper. Wenn er ohne Wissen des Chirurgen wegziehn könnte, in den Kopf oder das Knie, würd die Entfernung Schwierigkeiten bereiten. Das wird Ihnen jeder Ordnungsfreund bestätigen.

KALLE

Der ordentlichste Mensch, den ich im Leben kennengelernt hab, war einer namens Schiefinger im Lager Dachau, ein SS-Mann. Man hat von ihm erzählt, daß er seiner Geliebten nicht gestattet hat, an einem andern Tag als am Samstag und bei einer andern Tageszeit als am Abend mit dem Hintern zu schwenken, auch nicht aus Versehen. Sie hat die Limonadenflasche im Wirtshaus nicht mit feuchtem Boden aufn Tisch stellen dürfen. Wenn er uns mit der Lederpeitsch geprügelt hat, ist er so gewissenhaft vorgegangen, daß die Striemen, die er verursacht hat, ein Muster ergeben haben, das jeder Untersuchung mitm Millimetermaß hätt standhalten können. Der Ordnungssinn ist so in ihm dringesteckt, daß er lieber nicht geprügelt hätt, als unordentlich.

ZIFFEL

Das ist ein sehr wichtiger Punkt. Nirgends sieht man mehr auf Ordnung als im Gefängnis oder beim Militär. Das ist seit alters sprichwörtlich. Der französische General, der dem Kaiser Napoleon, als der Siebziger Krieg begonnen hat, meldete, daß die Armee bereit ist bis auf den letzten Knopf, hätte nicht zu wenig versprochen, wenns wahr gewesen wär. Auf den letzten Knopf kommts nämlich an. Es müssen alle Knöpfe sein. Mit dem letzten Knopf gewinnt man den Krieg. Auch der letzte Blutstropfen ist wichtig, aber nicht so wie der letzte Knopf. Es ist nämlich die Ordnung, durch die der Krieg gewonnen wird. In das Blut kann man niemals die Ordnung bringen wie in die Knöpfe. Der Stab weiß nie so genau, ob der letzte Blutstropfen schon vergossen ist, wie er über die Knöpfe Bescheid weiß.

KALLE

Das letzte ist eins von den Lieblingswörtern von ihnen. Aufm Moor hat der SS-Mann immer gesagt, wir müssen mit der letzten Kraft zustechen. Ich hab mich oft gewundert, warum wirs nicht mit der ersten haben machen dürfen. Es hat aber die letzte sein müssen, sonst hätts ihm keinen Spaß gemacht. Auch den Krieg wollens mit der letzten Kraft gewinnen, darauf bestehens.

ZIFFEL
Es liegt ihnen daran, daß es Ernst ist.

KALLE
Blutiger Ernst. Ein Ernst, der nicht blutig ist, ist keiner.

ZIFFEL
Das bringt uns auf die Knöpfe zurück. Nicht einmal im Geschäftsleben spielt die Ordnung eine solche Rolle wie beim Militär, obgleich im Geschäftsleben mit peinlicher Ordnung doch Gewinnste gemacht werden, während im Krieg nur Verluste entstehen. Man könnte denken, daß es im Geschäftsleben viel eher auf jeden Pfennig ankommt, als im Krieg auf jeden Knopf.

KALLE
An und für sich kommts nicht auf die Knöpf an im Krieg, nirgends wird so geaast mitm Material, das weiß jeder. Da gehts ausm vollen. Hat man eine Militärverwaltung erlebt, die gespart hätt? Die Ordnung ist nicht, daß gespart wird.

ZIFFEL
Natürlich nicht. Sie besteht darin, daß planmäßig verschwendet wird. Alles, was weggeschmissen wird oder verdirbt oder zerstört wird, muß aufm Papier stehn und numeriert sein, das ist die Ordnung. Aber der Hauptgrund, daß auf Ordnung gesehn wird, ist ein erzieherischer. Der Mensch kann bestimmte Verrichtungen überhaupt nicht ausführen, wenn er sie nicht ordentlich ausführt. Nämlich die sinnlosen. Laß einen Gefangenen einen Graben ausheben und dann wieder zuschütten und wieder ausheben und laß ihn das so schlampig machen, wie er grad Lust hat, und er wird wahnsinnig oder rebellisch,

was dasselbe ist. Wenn er dagegen angehalten wird, daß er den Spaten so und so anfaßt und nicht einen Zentimeter tiefer, und wenn eine Schnur gezogen ist, wo er einstechen muß, daß der Graben schnurgerad ist, und wenn beim Wiederzuschütten darauf gesehn wird, daß der Hof wieder so flach ist, als ob überhaupt kein Graben ausgehoben worden wär, dann kann die Arbeit ausgeführt werden und alles geht wie am Schnürchen, wie der bezeichnende Ausdruck heißt. Andrerseits ist Menschlichkeit in unsern Zeitläuften kaum zu erhalten ohne Bestechlichkeit, auch eine Art Unordnung. Sie werden Menschlichkeit finden, wenn Sie einen Beamten finden, der nimmt. Mit etwas Bestechung können Sie sogar gelegentlich Gerechtigkeit erlangen. Damit ich in Österreich auf dem Paßamt an der Reih drangekommen bin, hab ich ein Trinkgeld gegeben. Ich hab einem Beamten am Gesicht angesehen, daß er gütig war und was genommen hat. Die faschistischen Regime schreiten ein gegen die Bestechlichkeit, grad weil sie eben unhuman sind.

KALLE
Einer hat einmal behauptet, Dreck sei überhaupt nur Materie am falschen Ort. In einem Blumentopf können Sie Dreck eigentlich nicht Dreck nennen. Ich bin im Grund für Ordnung. Aber ich hab einmal einen Film gesehn mit Charlie Chaplin. Er hat seine Kleider und so weiter in einen Handkoffer gepackt, das heißt hineingeschmissen, und den Deckel zugeklappt und dann war es ihm zu unordentlich, weil zuviel herausgeschaut hat, und da hat er eine Schere genommen und die Ärmel und Hosenbeine, kurz alles, was herausgehängt ist, einfach abgeschnitten. Das hat mich in Erstaunen gesetzt. Ich seh, Sie setzen die Ordnungsliebe auch nicht hoch an.

ZIFFEL
Ich erkenne bloß die ungeheuren Vorteile der Schlamperei. Die Schlamperei hat schon Tausenden von Menschen das Leben

gerettet. Im Krieg hat oft die kleinste Abweichung von einem Befehl genügt, daß der Mann mit dem Leben davongekommen ist.

KALLE
Das ist wahr. Mein Onkel war in die Argonnen. Sie sind in einem Graben gelegen und haben durchs Telefon den Befehl erhalten, sie sollen zurückgehn und sofort. Aber sie haben nicht aufs Wort gehorcht und haben erst noch die Kartoffeln aufessen wollen, dies gebraten haben, und so sinds in Gefangenschaft geraten und waren gerettet.

ZIFFEL
Oder nehmen Sie einen Flieger. Er ist müd und liest die Meßinstrumente ungenau ab. Seine Bombenlast fällt neben ein großes Wohnhaus, statt drauf. Ein halbes Hundert Menschen sind gerettet. Was ich meine, ist, daß die Menschen für eine Tugend wie die Ordnungsliebe nicht reif sind. Ihr Verstand ist nicht genügend ausgebildet für diese Tugend. Ihre Unternehmungen sind idiotisch und nur eine schlampige und unordentliche Ausführung ihrer Pläne kann sie vor größerem Schaden bewahren.

ZIFFEL
Ich hab einen Laboratoriumsdiener gehabt, Herrn Zeisig, der alles in Ordnung gehalten hat, es ist ihm schwergefallen. Er hat fortgesetzt aufgeräumt. Wenn man sich ein paar Apparate zu einem Versuch zurechtgestellt hatte und ans Telefon gerufen wurde, hat er schnell aufgeräumt, bis man zurückgekommen ist, und jeden Morgen waren die Tische blitzblank, das heißt, die Zettel mit den Notizen waren für immer im Kehrichteimer verschwunden. Aber er hat sich Mühe gegeben und so hat man nichts sagen können. Natürlich hat man doch was gesagt, aber dadurch hat man sich ins Unrecht gesetzt. Wenn wieder einmal was verschwunden war, das heißt aufgeräumt, hat er einen mit seinen durchsichtigen Augen angeblickt, in denen kein Stäub-

chen Intelligenz war, und er hat einem leid getan. Ich hätt mir nie vorstellen können, daß Herr Zeisig ein Privatleben haben könnte, aber er hat eines gehabt. Wie der Hitler an die Macht gekommen ist, hat sich herausgestellt, daß der Herr Zeisig die ganze Zeit ein alter Kämpfer gewesen war. Am Morgen, wo Hitler Reichskanzler wurde, sagte er, meinen Mantel sorgsam an den Nagel hängend: Herr Doktor, jetzt wird in Deutschland Ordnung geschafft. Nun, der Herr Zeisig hat Wort gehalten.

ZIFFEL
In einem Land, wo eine besondere Ordnung herrscht, würd ich nicht gern bleiben. Da herrscht Knappheit. Man könnts natürlich auch Ordnung heißen, wenn aus dem vollen gewirtschaftet wird, wie bei uns, wie gesagt, nur im Krieg. Aber soweit sind wir nicht.

KALLE
Sie könnens so ausdrücken: Wo nichts am rechten Platz liegt, da ist Unordnung. Wo am rechten Platz nichts liegt, ist Ordnung.

ZIFFEL
Ordnung ist heutzutage meistens dort, wo nichts ist. Es ist eine Mangelerscheinung.

Der Untersetzte nickte, war aber abgestoßen durch die Spur von Ernst, die er, ein diesbezüglich sehr empfindlicher Mensch, in den letzten Sätzen spürte oder zu spüren glaubte, und trank mit langsamen Schlücken seinen Kaffee aus.
 Kurz darauf schieden sie voneinander und entfernten sich, jeder an seine Statt.

2 ÜBER NIEDRIGEN MATERIALISMUS / ÜBER DIE FREIDENKER / ZIFFEL SCHREIBT SEINE MEMOIREN / ÜBER DAS ÜBERHANDNEHMEN BEDEUTENDER MENSCHEN

Ziffel und Kalle waren sehr überrascht, als sie sich zwei Tage später im Bahnhofsrestaurant wieder trafen. Kalle war unverändert, Ziffel hatte seinen dicken Mantel nicht mehr an, den er das letzte Mal trotz des Sommerwetters getragen hatte.

ZIFFEL
Ich habe ein Zimmer gefunden. Ich bin immer froh, wenn ich meine 180 Pfund Fleisch und Knochen verstaut habe. Es ist keine Kleinigkeit, einen solchen Haufen Fleisch durch solche Zeiten zu bringen. Und die Verantwortung ist natürlich größer. Es ist schlimmer, wenn 180 Pfund verderben als nur 130.

KALLE
Sie müssen es doch leichter haben. Beleibtheit macht einen guten Eindruck, es zeigt Wohlhabenheit und das macht einen guten Eindruck.

ZIFFEL
Ich eß nicht mehr als Sie.

KALLE
Sinds nicht so empfindlich, ich hab nichts dagegen, daß Sie sich sattessen. Bei den feinen Kreisen gilts vielleicht als Schand, wenn man hungert, aber bei uns gilts nicht als Schand, wenn man sich sattißt.

ZIFFEL
Ich find, da ist was dran, daß der sogenannte Materialismus in den besseren Kreisen in Verruf ist, man spricht gern von niedrigen materiellen Genüssen und rät den untern Klassen ab, sich

ihnen in die Arme zu werfen. An sich ist es nicht nötig, weil sie das Kleingeld dafür sowieso nicht haben. Ich hab mich oft gewundert, warum die linken Schriftsteller zum Aufhetzen nicht saftige Beschreibungen von den Genüssen anfertigen, die man hat, wenn man hat. Ich seh immer nur Handbücher, mit denen man sich über die Philosophie und die Moral informieren kann, die man in den besseren Kreisen hat, warum keine Handbücher übers Fressen und die andern Annehmlichkeiten, die man unten nicht kennt, als ob man unten nur den Kant nicht kennte! Das ist ja traurig, daß mancher die Pyramiden nicht gesehen hat, aber ich finds beklemmender, daß er auch noch kein Filet in Champignonsauce gesehen hat. Eine einfache Beschreibung der Käsesorten, faßlich und anschaulich geschrieben, oder ein künstlerisch empfundenes Bild von einem echten Omelette würd unbedingt bildend wirken. Eine gute Rindssuppe geht mit dem Humanismus ausgezeichnet zusammen. Wissen Sie, wie man in anständigen Schuhen geht? Ich mein in leichten, nach Maß, aus feinem Leder, wo Sie sich wie ein Tänzer fühlen, und richtig geschnittene Hosen aus weichem Material, wer kennt das schon von euch? Das ist aber eine Unwissenheit, die sich rächt. Die Unwissenheit über Steaks, Schuhe und Hosen ist eine doppelte: Sie wissen nicht, wie das schmeckt, und Sie wissen nicht, wie Sie das bekommen können, aber die Unwissenheit ist eine dreifache, wenn Sie nicht einmal wissen, daß es das gibt.

KALLE
Wir brauchen nicht den Appetit, wir haben den Hunger.

ZIFFEL
Ja, das ist das einzige, was ihr nicht aus den Büchern lernt. Wenn man auch nach der Lektüre von den linken Schriftstellern glauben könnt, ihr müßt auch das noch aus den Büchern lernen, daß ihr Hunger habt. Die Deutschen haben eine schwache Begabung für den Materialismus. Wo sie ihn haben, ma-

chen sie sofort eine Idee draus, ein Materialist ist dann einer, der glaubt, daß die Ideen von den materiellen Zuständen kommen und nicht umgekehrt, und weiter kommt die Materie nicht mehr vor. Man könnt glauben, es sind nur zwei Sorten von Leuten in Deutschland, Pfaffen und Pfaffengegner. Die Vertreter des Diesseits, hagere und bleiche Gestalten, die alle philosophischen Systeme kennen; die Vertreter des Jenseits, korpulente Herren, die alle Weinsorten kennen. Ich hab einmal einen Pfaffen mit einem Pfaffengegner herumstreiten hören. Der Pfaffengegner hat dem Pfaffen vorgeworfen, er denkt nur ans Fressen, und der Pfaff hat geantwortet, der Herr Gegenredner denkt nur an ihn. Sie haben beide recht gehabt. Die Religion hat die stärksten Helden und feinsten Gelehrten hervorgebracht, aber sie war immer etwas anstrengend. An ihre Stelle tritt jetzt ein feuriger Atheismus, der fortschrittlich ist, aber zeitraubend.

KALLE
Da ist was dran. Ich war bei den Freidenkern. Unsere Überzeugung hat uns dauernd in Atem gehalten. Die Zeit, die uns beim Kampf um die weltliche Schul übriggeblieben ist, haben wir für die Entlarvung der Heilsarmee verwendet und die Propaganda für Verbrennung nach dem Tode haben wir uns von der Essenszeit absparen müssen. Manchmal ist mir selber vorgekommen, wenn uns einer von der Ferne sieht, wenn wir gegen die Religion agitieren, könnt er bei so viel Inbrunst und Gläubigkeit uns für eine besonders eifrige Sekt halten. Ich bin ausgetreten, weil meine Freundin mich vor die Entscheidung gestellt hat, entweder ich bin Freidenker oder ich geh mit ihr am Sonntag. Ich hab lang ein sündiges Gefühl gehabt, daß ich nichts mehr gegen die Religion mach.

ZIFFEL
Ich freu mich, daß Sie ausgetreten sind.

KALLE
Ich bin woanders eingetreten.

ZIFFEL
Und haben Ihre Freundin behalten.

KALLE
Nein, ich hab sie verloren, wie sie mich da, wo ich dann eingetreten bin, wieder vor die Entscheidung gestellt hat. Mit der Religion ists wie mit dem Alkohol. Sie können ihn nicht entziehen, solang er einen Fortschritt bedeutet. Die schlimmsten Trinker sind die Pferdefuhrleut im Winter gewesen. Die heutigen Schofför, dies in ihrer Maschin warm haben, können sich die Ausgab sparen.

ZIFFEL
Sie meinen: nicht gegen Schnaps, sondern für Motore?

KALLE
So ähnlich. Sind Sie zufrieden mit Ihrem Zimmer?

ZIFFEL
Das hab ich mich noch nicht gefragt. Ich frag keine Fragen und lös keine Probleme, wenn mich die gewissenhafteste Antwort und die endgültige Lösung nicht weiterbringt. Wenn ich in einen Sumpf fall, frag ich mich nicht, ob ich für Dampfheizung oder für Ofenheizung bin. Ich gedenke meine Memoiren in dem Zimmer zu schreiben.

KALLE
Ich hab gedacht, Memoiren schreibt man erst gegen End seines Lebens. Da hat man den richtigen Überblick und weiß sich taktvoll auszudrücken.

ZIFFEL
Ich hab keinen Überblick und ich drück mich nicht taktvoll aus, aber die erste Bedingung erfüll ich so gut wie alle andern auf diesem Erdteil, nämlich, daß ich wahrscheinlich am End meines Lebens steh. Es ist nicht der beste Ort zum Schreiben hier, weil ich dazu Zigarren benötige, und sie sind hier schwer zu bekommen wegen der Blockade, aber für 80 große Seiten kann ich, wenn ich systematisch vorgehe, mit insgesamt 40 Zigarren durchkommen. Im Augenblick kann ich die noch erschwingen. Mehr Sorge macht mir was anderes. Niemand wird es mit Überraschung aufnehmen, wenn er hört, daß ein bedeutender Mensch die Absicht hat, der Mitwelt einen Bericht über seine Erlebnisse, Meinungen und Ziele abzustatten. Aber ich hab diese Absicht und bin ein unbedeutender Mensch.

KALLE
Insofern könnens doch mit einem Überraschungserfolg rechnen.

ZIFFEL
Sie meinen mit einem schlagartigen Überfall aus dem Hinterhalt an einem Punkt, wo der Feind, der Leser, träumerisch dahintrottet und es versäumt hat, sich rechtzeitig in Verteidigungszustand zu setzen?

KALLE
Richtig. Daß Sie unbedeutend sind, entdeckt er erst, wenns zu spät ist. Da haben Sie ihm die gute Hälfte Ihrer Meinungen schon beigebracht. Er hats gierig aufgeschluckt und sich nichts dabei gedacht, und wenns ihm dann dämmert, daß alles Unsinn ist, haben Sie ihn mit Ihren Zielen schon vertraut gemacht, und wenn er dann auch kritisch wird, einiges bleibt immer hängen.

Ziffel sah Kalle prüfend an, konnte aber keine Hinterlist bei ihm feststellen. Kalles Augen waren ehrlich und aufmunternd auf ihn gerichtet. Er nahm einen Schluck von seinem Bier, das kein Bier war, und bekam wieder seinen spekulierenden, ins Weite gerichteten Blick.

ZIFFEL
Moralisch betrachtet, fühl ich mich im Recht. Während die Ansichten der bedeutenden Menschen auf alle Arten ausposaunt, ermuntert und hoch bezahlt werden, sind diejenigen der unbedeutenden unterdrückt und verachtet. Die Unbedeutenden müssen infolge davon, wenn sie schreiben und gedruckt werden wollen, immer nur die Ansichten der Bedeutenden vertreten, anstatt ihre eigenen. Das scheint mir ein unhaltbarer Zustand.

KALLE
Vielleicht könnens ein kleineres Buch schreiben. Ein Reklambändchen.

ZIFFEL
Warum ein kleineres? Ich seh, Sie fallen mir in den Rücken. Ein bedeutender Mensch, denken Sie, darf ein großes Buch schreiben, obwohl seine Forderungen an die Leser niemals wirklich befriedigt werden können und also Überforderungen sind. Ich hingegen, der wirklich unbedeutende Ansichten verkünden will, die jedermann zu den seinen machen kann, wenn er sie nicht schon hat, ohne es zu wagen, sich das zuzugestehn, soll mich kurz fassen!

KALLE
Ich stimm Ihnen da zu, das gehört auch zu der allgemeinen Tyrannei. Warum soll nicht ein x-beliebiger Mensch seine Ansichten ausführlich äußern dürfen und höflich angehört werden?

ZIFFEL

Da ist Ihnen ein Irrtum unterlaufen. Ich möchte feststellen, daß ich zwar ein unbedeutender, aber keineswegs ein x-beliebiger Mensch bin. Es herrscht da nämlich eine Begriffsverwirrung. Während man nicht so leicht von einem »x-beliebigen bedeutenden Menschen« spricht, nimmt man keinen Anstand, dauernd von »x-beliebigen unbedeutenden Menschen« zu sprechen. Ich protestiere da energisch. Auch unter uns Unbedeutenden gibt es gewaltige Unterschiede. So wie es Leute gibt, die in *besonderem* Maße solche Eigenschaften wie Mut, Talent, Selbstlosigkeit besitzen, gibt es auch Leute, die sie in besonderem Maße *nicht* besitzen. Zu ihnen gehöre ich, insofern bin ich eine Ausnahmeerscheinung, also kein x-beliebiger.

KALLE

Entschuldigens.

ZIFFEL

Es ist keine Frage, daß die unbedeutenden Menschen in unserer Zeit im Aussterben begriffen sind. Der Fortschritt auf den Gebieten der Wissenschaft, der Technik und vor allem der Politik hat es mit sich gebracht, daß sie von der Erdoberfläche verschwinden. Die stupende Fähigkeit unseres Zeitalters, aus nichts etwas zu machen, ist es, die eine so ungeheure Anzahl bedeutender Menschen erzeugt hat. Sie treten in immer riesigeren Massen auf, besser gesagt, sie marschieren in immer riesigeren Massen auf. Wohin das Auge blickt, überall lauter Individuen, die sich wie die größten Helden und Heiligen benehmen. Wo hätte man in alten Zeiten soviel Mut, Opferwille und Talent zu sehen bekommen? Kriege wie die unsrigen *und* Friedenszeiten wie die unsrigen wären früher nicht möglich gewesen. Sie hätten einfach zu viele Tugenden erfordert, mehr bedeutende Menschen, als vorhanden waren.

KALLE
Aber wenn die Zeit der Nichthelden sozusagen schon hinter uns liegt, möchten ihre Ansichten vielleicht nicht mehr interessieren.

ZIFFEL
Im Gegenteil! Grad selten gewordene Empfindungen und Gedankengänge lernt man gern kennen. Was gäben wir dafür, wenn wir zum Beispiel Genaueres über das Innenleben von einem der letzten Saurier erfahren könnten, der großen Pflanzenfresser, die in prähistorischen Zeiten auf unserer Erde vorgekommen sind? Sie sind ausgestorben, weil sies wahrscheinlich an Bedeutung mit den anderen Geschöpfen nicht aufnehmen konnten, aber gerade deswegen könnte etwas Authentisches von ihnen Interesse beanspruchen.

KALLE
Wenn Sie sich mit den Sauriern vergleichen, wärs höchste Zeit, daß Sie noch Ihre Memoiren aufschrieben, denn nicht lang, und keiner möcht sie nicht mehr verstehen.

ZIFFEL
Der Übergang findet reißend schnell statt. Die Wissenschaft nimmt heute an, daß der Übergang eines Zeitalters in ein anderes ruckartig, Sie können auch schlagartig sagen, stattfindet. Lange Zeit hindurch gibt es winzige Veränderungen, Unstimmigkeiten und Verunstaltungen, welche den Umschlag vorbereiten. Aber der Umschlag selber tritt mit dramatischer Plötzlichkeit ein. Die Saurier bewegen sich sozusagen noch eine geraume Zeit in der besten Gesellschaft, wenn sie auch schon etwas ins Hintertreffen geraten sind. Es steht nichts mehr hinter ihnen, aber sie werden noch gegrüßt. Im Adelskalender der Tierwelt nehmen sie schon ihres Alters wegen noch einen geachteten Platz ein. Es gilt noch durchaus als gute Kinderstube, Gras zu fressen, wenngleich die besseren Tiere schon Fleisch

bevorzugen. Es ist noch keine Schande, 20 Meter von Kopf bis zum Schwanz zu messen, wenn es auch schon kein Verdienst mehr darstellt. Das geht soundso lang und dann kommt plötzlich der totale Umschwung. Wenn Sie nicht sehr große Einwendungen haben, möchte ich Sie bitten, ab und zu das eine oder andere Kapitel meiner Memoiren sich anzuhören.

KALLE
Ich hab nichts dagegen.

Kurz darauf schieden sie voneinander und entfernten sich, jeder an seine Statt.

3 Über den Unmenschen /
Geringe Forderungen der Schule / Herrnreitter

Ziffel ging beinahe täglich in das Bahnhofsrestaurant, denn in dem großen Lokal war ein kleiner Stand für Tabakwaren und zu unregelmäßigen Zeitpunkten erschien ein Mädchen, die, ein paar Tüten unterm Arm, aufschloß und dann zehn Minuten lang Zigarren und Zigaretten verkaufte. Ziffel hatte schon ein Kapitel von seinen Memoiren in der Brusttasche und lauerte auf Kalle. Als er eine Woche lang nicht kam, dachte Ziffel schon, er habe das Kapitel umsonst geschrieben, und stoppte alle weitere Arbeit. Er kannte außer Kalle niemand in H., der Deutsch sprach. Aber am 10. oder 11. Tag erschien Kalle und zeigte keine besonderen Anzeichen von Schrecken, als Ziffel sein Manuskript hervorzog.

ZIFFEL
Ich fange an mit einer Einleitung, in der ich in bescheidenem Ton darauf aufmerksam mache, daß meine Meinungen, die ich vorzubringen gedenke, wenigstens bis vor kurzem noch die Meinungen von Millionen waren, so daß sie also doch nicht ganz uninteressant sein *können*. Ich überspring die Einleitung und noch ein Stück und komm gleich auf die Ausführungen über die Erziehung, die ich genossen habe. Diese Ausführungen halt ich nämlich für sehr wissenswert, stellenweise für ausgezeichnet, beugen Sie sich ein wenig vor, daß der Lärm hier Sie nicht stört. (Er liest) »Ich weiß, daß die Güte unserer Schulen oft bezweifelt wird. Ihr großartiges Prinzip wird nicht erkannt oder nicht gewürdigt. Es besteht darin, den jungen Menschen sofort, im zartesten Alter, in die WELT, WIE SIE IST, einzuführen. Er wird ohne Umschweife und ohne daß ihm viel gesagt wird, in einen schmutzigen Tümpel geworfen: Schwimm oder schluck Schlamm!

Die Lehrer haben die entsagungsreiche Aufgabe, Grundtypen der Menschheit zu verkörpern, mit denen es der junge Mensch später im Leben zu tun haben wird. Er bekommt Gelegenheit, vier bis sechs Stunden am Tag Roheit, Bosheit und Ungerechtigkeit zu studieren. Für solch einen Unterricht wäre kein Schulgeld zu hoch, er wird aber sogar unentgeltlich, auf Staatskosten, geliefert.

Groß tritt dem jungen Menschen in der Schule in unvergeßlichen Gestaltungen der UNMENSCH gegenüber. Dieser besitzt eine fast schrankenlose Gewalt. Ausgestattet mit pädagogischen Kenntnissen und langjähriger Erfahrung erzieht er den Schüler zu seinem Ebenbild.

Der Schüler lernt alles, was nötig ist, um im Leben vorwärts zu kommen. Es ist dasselbe, was nötig ist, um in der Schule vorwärts zu kommen. Es handelt sich um Unterschleif, Vortäuschung von Kenntnissen, Fähigkeit, sich ungestraft zu rächen, schnelle Aneignung von Gemeinplätzen, Schmeichelei, Unterwürfigkeit, Bereitschaft, seinesgleichen an die Höherstehenden zu verraten und so weiter, und so weiter.

Das Wichtigste ist doch die Menschenkenntnis. Sie wird in Form von Lehrerkenntnis erworben. Der Schüler muß die Schwächen des Lehrers erkennen und sie auszunützen verstehen, sonst wird er sich niemals dagegen wehren können, einen ganzen Rattenkönig völlig wertlosen Bildungsgutes hineingestopft zu bekommen. Unser bester Lehrer war ein großer, erstaunlich häßlicher Mann, der in seiner Jugend, wie es hieß, eine Professur angestrebt hatte, mit diesem Versuch aber gescheitert war. Diese Enttäuschung brachte alle in ihm schlummernden Kräfte zu voller Entfaltung. Er liebte es, uns unvorbereitet einem Examen zu unterwerfen, und stieß kleine Schreie der Wollust aus, wenn wir keine Antworten wußten. Beinahe noch mehr verhaßt machte er sich durch seine Gewohnheit, zwei bis drei Mal in der Stunde hinter die große Tafel zu gehen und aus der Rocktasche ein Stück nicht eingewickelten Käses zu fischen, den er dann, weiterlehrend, zermummelte. Er unterrichtete in Chemie, aber es hätte keinen Unterschied ausgemacht, wenn es Garnknäuelauflösen gewesen wäre. Er brauchte den Unterrichtsstoff, wie die Schauspieler eine Fabel brauchen, um *sich* zu zeigen. Seine Aufgabe war es, aus uns MENSCHEN zu machen. Das gelang ihm nicht schlecht. Wir lernten keine Chemie bei ihm, wohl aber, wie man sich rächt. Alljährlich kam ein Schulkommissar und es hieß, er wolle sehen, wie wir lernten. Aber wir wußten, daß er sehen wollte, wie die Lehrer lehrten. Als er wieder einmal kam, benützten wir die Gelegenheit, unsern Lehrer zu brechen. Wir beantworteten keine einzige Frage und saßen wie Idioten. An diesem Tage zeigte der Mensch keine Wollust bei unserem Versagen. Er bekam die Gelbsucht, lag lange krank und wurde, zurückgekehrt, nie wieder der alte, wollüstige Käsemummler.

Der Lehrer der französischen Sprache hatte eine andere Schwäche. Er huldigte einer bösartigen Göttin, die schreckliche Opfer verlangt, der Gerechtigkeit. Am geschicktesten zog daraus mein Mitschüler B. Nutzen. Bei der Korrektur der schriftlichen Arbeiten, von deren Güte das Aufrücken in die nächste Klasse abhing, pflegte der Lehrer auf einem besonderen Bogen die Anzahl der Fehler hinter jedem Namen zu notieren. Rechts davon stand dann auf seinem Blatt die Note, so daß er einen guten Überblick hatte. Sagen wir, 0 Fehler ergab eine I, die beste Note, 10 Fehler ergaben eine II und so weiter. In den Arbeiten selber waren die Fehler rot unterstrichen. Nun versuchten die Unbegabten mitunter, mit Federmessern ein paar rote Striche auszuradieren, nach vorn zu gehen und den Lehrer darauf aufmerksam zu machen, daß die Gesamtfehlerzahl nicht stimmte, sondern zu groß angegeben war. Der Lehrer nahm dann einfach das Papier auf, hielt es seitwärts und bemerkte die glatten Stellen, die durch die Politur mit dem Daumennagel auf der radierten Fläche entstanden waren. B. ging anders vor. Er unterstrich in seiner schon korrigierten Arbeit mit roter Tusche einige vollkommen richtige Passagen und ging gekränkt nach vorn, zu fragen, was denn da falsch sei.

Der Lehrer mußte zugeben, daß da nichts falsch sei, selber seine roten Striche ausradieren und auf seinem Blatt die Gesamtfehlerzahl herabsetzen. Dadurch änderte sich dann natürlich auch die Note. Man wird zugeben, daß dieser Schüler in der Schule denken gelernt hatte.

Der Staat sicherte die Lebendigkeit des Unterrichts auf eine sehr einfache Weise. Dadurch, daß jeder Lehrer nur ein ganz bestimmtes Quantum Wissen vorzutragen hatte und dies jahraus, jahrein, wurde er gegen den Stoff selber völlig abgestumpft und durch ihn nicht mehr vom Hauptziel abgelenkt: dem sich Ausleben vor den Schülern. Alle seine privaten Enttäuschungen, finanziellen Sorgen, familiären Mißgeschicke erledigte er im Unterricht, seine Schüler so daran beteiligend. Von keinerlei stofflichem Interesse fortgerissen, vermochte er sich darauf zu konzentrieren, die Seelen der jungen Leute auszubilden und ihnen alle Formen des Unterschleifs beizubringen. So bereitete er sie auf den Eintritt in eine Welt vor, wo ihnen gerade solche Leute wie er entgegentreten, verkrüppelte, beschädigte, mit allen Wassern gewaschene. Ich höre, daß die Schulen, oder wenigstens einige von ihnen, heute auf anderen Prinzipien aufgebaut seien als zu meiner Schulzeit. Die Kinder würden in ihnen gerecht und verständig behandelt. Wenn dem so wäre, würde ich es sehr bedauern. Wir lernten noch in der Schule solche Dinge wie Standesunterschiede, das gehörte zu den Lehrfächern. Die Kinder der besseren Leute wurden besser behandelt als die der Leute, welche arbeiteten. Sollte dieses Lehrfach aus den Schulplänen der heutigen Schulen entfernt worden sein, würden die jungen Menschen diesen Unterschied in der Behandlung, der so unendlich wichtig ist, also erst im Leben kennenlernen. Alles, was sie in der Schule, im Verkehr mit den Lehrern, gelernt hätten, müßte sie draußen im Leben, das so sehr anders ist, zu den lächerlichsten Handlungen verleiten. Sie wären kunstvoll darüber getäuscht, wie sich die Welt ihnen gegenüber benehmen wird. Sie würden fair play, Wohlwollen, Interesse erwarten und ganz und gar unerzogen, ungerüstet, hilflos der Gesellschaft ausgeliefert sein.

Da wurde ich doch ganz anders vorbereitet! Ich trat ausgerüstet mit soliden Kenntnissen über die Natur der Menschen ins Leben ein.

Ich hatte, nachdem meine Erziehung einigermaßen abgeschlossen war, Grund zu der Erwartung, daß ich, mit einigen mittleren Untugenden ausgestattet und einige nicht allzu schwere Scheußlichkeiten noch erlernend, halbwegs passabel durchs Leben kommen würde. Das war eine Täuschung. Eines Tages wurden plötzlich Tugenden verlangt.« Und damit schließ ich für heut, weil ich Sie jetzt gespannt habe.

KALLE
Ihr milder Standpunkt gegenüber der Schule ist ungewohnt und sozusagen von einer hohen Warte aus. Jedenfalls seh ich erst jetzt, daß auch ich was gelernt hab. Ich erinner mich, daß wir gleich am ersten Tag eine gute Lektion erhalten haben. Wie wir ins Klassenzimmer gekommen sind, gewaschen und mit einem Ranzen, und die Eltern weggeschickt waren, sind wir an der Wand aufgestellt worden, und dann hat der Lehrer kommandiert: »Jeder einen Platz suchen«, und wir sind zu den Bänken gegangen. Weil ein Platz zu wenig da war, hat ein Schüler keinen gefunden und ist im Gang zwischen den Bänken gestanden, wie alle gesessen sind. Der Lehrer hat ihn stehend erwischt und ihm eine Maulschelle gelangt. Das war für uns alle eine sehr gute Lehre, daß man nicht Pech haben darf.

ZIFFEL
Das war ein Genius von einem Lehrer. Wie hat er geheißen?

KALLE
Herrnreitter.

ZIFFEL
Ich wunder mich, daß er einfacher Volksschullehrer geblieben ist. Er muß einen Feind in der Schulverwaltung gehabt haben.

KALLE
Ganz gut war auch ein Brauch, den ein anderer Lehrer eingeführt hat. Er hat das Ehrgefühl erwecken wollen, hat er gesagt. Wenn einer ...

ZIFFEL
Ich bin immer noch bei Herrnreitter, entschuldigen Sie. Ein wie feines Modell im kleinen der aufgestellt hat mit seinen einfachen Mitteln, einem gewöhnlichen Klassenzimmer mit zuwenig Bänken, und doch habt ihr die Welt, die euch erwartet hat, klar vor Augen gehabt nach so was. Nur mit ein paar kühnen Strichen hat er sie skizziert, aber doch ist sie plastisch vor euch gestanden, von einem Meister hingestellt! Und ich wett, er hats ganz instinktiv gemacht, aus der reinen Intuition heraus! Ein einfacher Volksschullehrer!

KALLE
Jedenfalls erfährt er so eine späte Würdigung. Das andere war viel gewöhnlicher. Er war für Reinlichkeit. Wenn einer ein schmutziges Sacktuch benutzt hat, weil seine Mutter ihm kein reines gehabt hat, hat er aufstehen und mit dem Sacktuch winken und sagen müssen »Ich habe eine Rotzfahne«.

ZIFFEL
Das ist auch brav, aber nicht mehr als Mittelmaß. Sie sagen selbst, er wollt Ehrgefühl erwecken. Das ist ein konventioneller Geist. Herrnreitter hatte den Funken. Er gab keine Lösung. Er stellte nur groß das Problem hin, spiegelte nur die Wirklichkeit wider. Überließ die Schlußfolgerung völlig euch selbst! Das wirkt natürlich ganz anders befruchtend. Für die Bekanntschaft mit diesem Geist bin ich Ihnen zu Dank verpflichtet.

KALLE
Bittschön.

Kurz darauf schieden sie voneinander und entfernten sich, jeder an seine Statt.

4 Das Monument des grossen Dichters Kiwi /
Die armen Leute werden tugendhafter erzogen /
Pornographie

An einem Tag mit schönem Wetter gingen Ziffel und Kalle ein Stück zusammen im Gespräch. Sie überquerten den Bahnhofsplatz und blieben vor einem großen Steinmonument stehen, einem sitzenden Mann.

ZIFFEL
Das ist der Kiwi, von dem soll man etwas lesen, heißt es.

KALLE
Er soll ein guter Dichter gewesen sein, ist aber verhungert. Das Dichten ist ihm nicht bekommen.

ZIFFEL
Ich habe gehört, es ist hier eine Landessitte, daß die besseren Dichter am Hunger sterben. Sie wird aber lückenhaft durchgeführt, indem einige auch durch Alkohol umgekommen sein sollen.

KALLE
Ich möcht wissen, warum sie ihn vor den Bahnhof hingesetzt haben.

ZIFFEL
Wahrscheinlich als warnendes Exempel. Sie erreichen alles mit Drohungen. Der Bildhauer hat Humor, er hat ihm einen träumerischen Ausdruck verliehen, als ob er von einer herrenlosen Brotkruste träumte.

KALLE
Es hat auch solche gegeben, die dem Publikum ihre Meinung gesagt haben.

ZIFFEL

Ja, aber meist in Gedichtform oder sonstwie verwischt. Das bringt mich auf die Geschichte, die ich einmal wo gelesen hab, von dem Mann in der andern Kammer. Eine Frau hat was mit einem Subjekt gehabt, das sie im Grund verachtet hat, und ein anderer Mann, wollen wir ihn X nennen, hat davon erfahren, und an seiner Achtung ist ihr gelegen. Sie hat es so eingerichtet, daß der X, wie sie wieder einmal mit dem, sagen wir, Y im Bett war, in der Kammer nebenan alles hat hören können. Sie hat ihren Plan darauf gebaut, daß er gehört, aber nicht gesehn hat. Der Y war schon ein bissel abgekühlt zu ihr und sie hat ihn anreizen müssen. Sagen wir, sie richtet sich vor ihm das Gehänge, an dem die Strümpfe befestigt sind, so daß er, der Y, alles gut sieht. Zu gleicher Zeit sagt sie aber etwas Abfälliges zu dem Y und so, daß es der X nebenan gut hört. Und so gehts weiter. Sie greift ihn an und stöhnt »die Händ weg!«, sie dreht ihm den Hintern zu und röchelt »ich laß mich nicht vergewaltigen«, sie liegt auf den Knien und schreit »Schwein!« und der Y sieht und der X hört und so ist ihre Würde gewahrt. Ein ähnlicher Fall war, wie ein Dichter, der im Kabarett aufgetreten ist, immer zuvor aufn Hof gegangen ist und sich die Schuh eingedreckt hat, damit das Publikum sah, er putzt sich nicht einmal die Schuh wegen ihm.

KALLE

Haben Sie was Neues geschrieben?

ZIFFEL

Ich hab mir Punkte notiert. Ich würd sie Ihnen gern vorlesen, weil ich nicht glaub, daß ich die Zeit find, sie in ordentliche Kapitel zu bringen. Ich fang an mit dem ERSTEN ZETTEL. (Er liest)

»Schneeballschlachten. Butterbrote. Pschiererhans. Mutters Kopfweh. Zu spät zum Essen. Schulunterricht. Schulbücher. Radiergummi. Freiviertelstunde. Kastanien schütteln. Der

Hund vom Metzger am Eck. Ordentliche Kinder gehen nicht barfuß. Ein Taschenmesser ist mehr wert als drei Kreisel. Klukkern. Reifeln. Rollschuh. Mehrrohr. Fenstereinschmeißen. Nicht gewesen. Sauerkraut essen müssen ist gesund. Vater will seine Ruhe haben. Zu Bett gehen. Otto bereitet seiner Mamma Kummer. Man sagt nicht scheißen. Beim Handgeben in die Augen schauen.«

Wie finden Sie das?

KALLE
Lesen Sie weiter. Ich weiß noch nicht.

ZIFFEL
»Vesperläuten von Sankt Anna. Bierholen. Der Herrschaftskutscher in der Klauckestraße hat sich aufgehängt. Mariechen saß auf *einem* Stein. Messerspitzeln, von den Fingerknöcheln, vom Ellbogen, vom Kinn, vom Scheitel, von der Achsel. Das Messer kann auch schief im Boden stecken. Er hat auf die Stalltüre was mit Kreide geschrieben. Die Polizei ist verständigt. Fünferln. Das Fünfpfennigstück wird an die Hausmauer geschmissen. Wie weit es davon abspringt. Er ist abgesprungen und hat sie sitzenlassen. Auf dem Katzenstadel sitzen die Mörder. Mit Kreide, wo er die herhat? Pickeln. Kurze, zugespitzte Pfähle werden in den Boden getrieben, mit andern Pfählen herausgehauen. Sonst hau ich dich ungespitzt in den Boden, du Saumensch! Und der Handel mit Zinnsoldaten. Indianer, Germanen, Russen, Japaner, Ritter, Napoleon, Bayern, Römer. Repetent. Du alter Lackel solltest es wissen. Hund. Dreckkerl. Hosenscheißer. Arschkitz. Stenz, verrotteter. Gigerl. Ox. Kamel. Rindviech. Viechskerl. Schlappschwanz. Mistbauer. Sozi. Lump. Hur. Bankert. Hühnerbrust. Krampfadern. (Krampfpeppi.) Buckel. Betteln verboten. Geben Sie acht, im vierten Haus wohnt ein Polizeidiener.« DRITTER ZETTEL:

»Sonntag Nachmittag. Die Blechkapelle aus dem Biergarten. Heiße Wurst mit Semmeln. Diese Mädchen haben eine schlimme Krankheit. Wenn du zum Weibe gehst. Hasengasse 11. Der Pfarrer von Sankt Max. Kramlichs ihr Joseph wird Geistlicher. Mit blauen Ringen unter den Augen. Beichten ist keine Sünd bei einem schönen Kind. Wenn man sich nicht beherrscht, kriegt man eines. In der Birkenau. Die Bänke. Hosenspanner. Das schlechte Element spickt. Vierer. Hände aus der Hosentasche, Geweiher! Das Fahrrad. Den Gummi erst trocknen lassen. Hinter den Ohren, noch nicht. Die Stunde der großen Verachtung in der Leihbibliothek. Das Fräulein mit der Brille. Fünf Pfennig pro Buch. Mit Busen. In der Badeanstalt, ohne Handtuch nur zehn Pfennig. Die Frauenabteilung. Kastanien. Fern im Süd. Auch auf dem Stadtwall. Am Ende Schiffer und Kahn. Das Volk Gottes. Und laß es dir gutgehn.«

KALLE
Wie machen Sie das, daß das zusammengeht? Schreiben Sie einfach auf, was Ihnen in den Kopf kommt?

ZIFFEL
Keine Rede. Ich arrangiere. Aber mit dem Material. Wollen Sie noch einen Zettel hören?

KALLE
Sicher.

ZIFFEL
»Es tut wohl, aber die Folgen. Die Periode. Mariechen saß am Rosenhügel und pflückte Heidelbeerchen. Kalte Bauern. Sie läßt sich. Erwischt werden. Die Eier. Unter sechzehn ist es strafbar. Fünfmal. Mädchen, halt die Röcke fest, wenn die Winde blasen, wenn sich da was sehen läßt. Im Stehen. Nicht aufgepaßt. Fünf Mark. Bei der Maiandacht. Unkeusch. Todsünde. Es ist ein Gefühl, das einem durch und durch geht. Die ist scharf wie eine Rasierklinge. Zusammenhaun. Er hat einen falschen Namen angegeben. Ach, wie war das wunderbar, auf dem Fotzhobel. Als der Mann im Zuchthaus war. Entjungfert.

Sie sind im Stadtpark notiert worden. Zuerst sträuben sie sich. Ein Eis kostet fünf Pfennig. Kino fünfundzwanzig. Sie haben es gern. Sieh mir in die Augen! Von hinten! Oder französisch.«
FÜNFTER ZETTEL:
»Zola. Schweinereien. Casanova wegen der Bayroszeichnungen. Maupassant. Nietzsche. Bleibtreus Schlachtenschilderungen. Dann reitet mein Kaiser wohl über mein Grab. In der Leihbibliothek. Und der Städtischen. Wenn du den ganzen Tag liest, bist du mit 19 ein nervöses Wrack. Aber gibt es einen Gott? Treib lieber Sport wie andere! Entweder er ist gut *oder* er ist allmächtig. Das ist dieser moderne Zynismus. Einen geistigen Beruf. Und es wird am deutschen Wesen. Solange du deinem Vater die Füße unter den Tisch streckst, verbitt ich mir solche Ansichten. Einmal doch die Welt genesen. Zum Kotzen. In corpore sano. Gobineau, die Renaissance. Renaissancemenschen, aber die geistigen Berufe sind überfüllt. Faust. Im Tornister jedes Deutschen. Singend in den Tod. Die Vöglein im Walde, die sangen so wunderwunderschön. Nie sollst du mich befragen! Ist Shakespeare Engländer? Wir Deutschen sind das gebildetste Volk. Faust. Der deutsche Schullehrer hat den Siebziger Krieg gewonnen. Gasvergiftung und mens sana. Als Wissenschaftler im Venusberg. Friede seiner Asche: er hat durchgehalten. Bismarck war musikalisch. Gott ist mit den Rechtschaffenen, sie wissen nicht, was sie tun. Die stärkeren Bataillone helfen sich selber. Kunsthonig ist nahrhafter als Bienenhonig ist zu teuer als Volksnahrung. Die Wissenschaft hat festgestellt. Drei feindliche Feststellungen erobert. Der Endsieg ist der beste. Opfer werden auch nach der Vorstellung in Empfang genommen.«

KALLE
Ich find es hübsch, wie es sich auf den Krieg zubewegt.

ZIFFEL
Meinen Sie, ich soll es doch in Kapitel bringen?

KALLE
Wozu?

ZIFFEL
Es sieht zu modern aus. Modern ist veraltet.

KALLE
Danach können Sie sich nicht richten. Der Mensch als solcher ist auch veraltet. Denken ist veraltet, leben ist veraltet, essen ist veraltet. Ich mein, Sie können schreiben, was Sie wollen, weil Drucken auch veraltet ist.

ZIFFEL
Ihre Worte beruhigen mich. Die Notizen auf den fünf Zetteln sind auch nur als eine Skizze zu einem Porträt gedacht. Die Memoiren behandeln die Tugenden.

KALLE
Ich hab über Ihre Memoiren nachgedacht. Wir in den ärmeren Vierteln sind viel tugendhafter erzogen worden als Sie. Wie ich sieben Jahr alt gewesen bin, hab ich in der Früh vor der Schul Zeitungen austragen müssen, das ist Fleiß, und das Geld haben wir uns von den Eltern wegnehmen lassen, das ist Gehorsam. Wenn der Vater besoffen nach Haus gekommen ist, wars ihm nicht recht, daß er den halben Wochenlohn versoffen hat, und er hat uns durchgeprügelt, so haben wir lernen können, Schmerz zu ertragen, und wenn wir nur Kartoffeln gekriegt haben und zuwenig, haben wir »danke« sagen müssen, der Dankbarkeit wegen, glaub ich.

ZIFFEL
So sind eine Menge Tugenden bei euch entstanden. Niemand kann so erpreßt werden wie die armen Leut. Von ihnen werden sogar Tugenden erpreßt. Aber ich bin überzeugt, ihr habt doch immer noch zu wünschen übriggelassen. Wir haben einmal ein

Dienstmädchen gehabt, die war fleißig und reinlich und alles, besonders fleißig, sie ist um 6 Uhr aufgestanden und fast nie ausgegangen, so daß sie niemand gehabt hat, und da hat sie sich mit uns Kindern unterhalten müssen. Sie hat uns allerhand Spiele gelehrt, zum Beispiel, daß wir kleine Gegenstände, einen Radiergummi an ihr haben suchen müssen, sie hat ihn irgendwo an sich versteckt, oben, wo der Strumpf anfängt, oder zwischen den Brüsten oder wo die Beine aufhören. Wir haben das Spiel sehr gern gespielt, aber mein kleinerer Bruder hats der Mutter erzählt, aus Dummheit, und sie hats nicht lustig gefunden und gesagt, wir sind zu klein für dieses Spiel und die Marie sei nicht so tugendhaft, wie sie gedacht hatte. Sie sehen, sie war nicht vollkommen. Mein Vater hat es darauf zurückgeführt, daß sie vom Volk stammte.

KALLE
Er hätte ihr mehr Ausgang geben sollen. Aber natürlich, dann wär das Geschirr nicht aufgewaschen worden, und so haben Sie eben von ihrer Tugendhaftigkeit abgehangen.

ZIFFEL
Es war sehr hübsch, davon abzuhangen. Ich erinner mich, wie ich später sehr froh war, daß die Moral Lücken hat bei der Durchführung. Ich war 17 und hab eine kleine Freundin gehabt, eine Schülerin bei den Ursulanerinnen, sie war 15, aber sehr reif. Wir sind verschränkt Schlittschuh gefahren, das hat aber nicht lang ausgereicht, ich merkte, daß sie mich liebte, sie hat so geschnauft, wenn ich sie auf dem Heimweg geküßt hab. Ich hab einen Freund ins Vertrauen gezogen und wir waren uns klar, daß etwas geschehen mußte, aber er hat gesagt, es sei nicht so einfach, ohne Vorkenntnisse seien schon die peinlichsten Situationen entstanden, und daß einmal zweie überhaupt nicht mehr auseinander haben kommen können, man sieht es bei Hunden mitunter, da schüttet man einen Eimer Wasser darüber, dann kommen sie auseinander. Die betreffenden zwei

hat man mit dem Sanitätswagen abholen müssen und ihre Verlegenheit kann man sich vorstellen. Lachen Sie nicht, ich habe das Problem sehr ernst genommen. Ich bin zu einer Prostituierten gegangen und habe mir die nötigen Kenntnisse verschafft.

KALLE
Das nenn ich Verantwortungsgefühl. Wenns dazu nicht von klein auf angehalten worden wären, hättens es nicht gehabt.

ZIFFEL
Weil wir heute gerade beir Pornographie sind: haben Sie das bemerkt, wie tugendhaft die wird, wenn sie mit Kunst betrieben wird? Benutzen Sie die fotografische Methode, und was herauskommt, ist eine Schweinerei. Sie würden nicht dran denken, so was an die Wand zu hängen als gebildeter Mensch. Es ist der pure Geschlechtsakt, mehr oder minder umständlich betrieben. Und dann nehmen Sie Leda mit dem Schwan, ein delikat gemaltes Stück Sodomie, an sich keine gesellschaftsfähige Gewohnheit, aber plötzlich ist dem Ganzen der Stempel der Kunst aufgedrückt und Sie könnens zur Not Ihren Kleinen zeigen. Und die sexuelle Wirkung ist die zehnfache, weils eben Kunst ist! An den Diderot, solche Stellen wie die, wo jemand zuhört, wie die Frau beim Akt immer davon redet, wie sie ihr Ohr juckt, und wenn es dann heißt: »Mei...n ... O...hr!«, vereint mit dem darauf folgenden Stillschweigen, und wie ihr Ohrjucken auf irgendeine Weise zur Ruhe gekommen war, das machte mir Vergnügen. Und ihr erst! An so was kann man sich immer nur mit Rührung erinnern. Das ist Kunst und wirkt aufregender als eine gewöhnliche Spekulation auf die Sinnlichkeit.

KALLE
Ich hab immer gedacht, man liest viel zuwenig die klassischen Schriftsteller.

ZIFFEL
Sie sollten vor allem in keiner Gefängnisbibliothek fehlen. Meine Devise wär: gute Bücher in die Gefängnisbibliotheken! Das wär eine Lebensaufgabe für die Gefängnisreformatoren. Wenn sie das durchsetzen könnten, würden die Gefängnisse für die Behörden bald allen Scharm verlieren. Sie würden einsehn, daß es mit ihrer Gerechtigkeit »ein halbes Jahr Keuschheit für einen gestohlenen Sack Kartoffeln« herum ist.

KALLE
Für die Keuschheit sind Sie also auch nicht?

ZIFFEL
Ich bin gegen geordnete Zustände in einem Schweinestall.

KALLE
Bevor ich bei den Freidenkern war, war ich bei der Nacktkultur. Das sind die keuschesten Leut, die es gibt. Sie finden an nichts was Unanständiges und regen sich überhaupt nicht auf. Sie sind stolz, daß sie das Schamgefühl überwunden haben und den Mitgliedsbeitrag zahlen können. Ich bin mit ihm im Rückstand geblieben und gefragt worden, ob ich mich nicht schenier, und da bin ich ausgetreten und hab mich der Unkeuschheit wieder in die Arme geworfen. Das heißt, eine Zeitlang hab ich keine Lust mehr gehabt. Ich hab zuviel gesehn gehabt. Bei der Lebensweise, in der Fabrik und in den dumpfen Wohnungen und bei der Ernährung können die Leut nicht wie lauter Venusse und Adonisse aussehn.

ZIFFEL
Sehr richtig. Ich bin für ein Land, wo es einen Sinn hat, unkeusch zu sein.

Sie gingen noch einmal zurück über den großen Bahnhofsplatz. Dann schieden sie voneinander und entfernten sich, jeder an seine Statt.

5 Ziffels Memoiren II / Schwierigkeiten der grossen Männer / Ob der Wieheissterdochgleich ein Vermögen besitzt

Als Ziffel und Kalle sich wieder trafen, hatte Ziffel ein weiteres Kapitel seiner Memoiren fertig.

ZIFFEL
(liest)
Ich bin von Beruf Physiker. Ein Teil der Physik, die Mechanik, hat an der Gestaltung des modernen Lebens großen Anteil, jedoch habe ich selbst sehr wenig mit Maschinerie zu schaffen. Selbst diejenigen meiner Kollegen, die den Ingeniören einige Winke für den Stukabau geben, selbst diese Ingeniöre arbeiten ungefähr so friedlich und weltfern wie etwa ein höherer Bahnbeamter.

Etwa zehn Jahre meines Lebens verbrachte ich in einem Institut, das in einer ruhigen Gartenstraße lag. Mein Essen nahm ich in einem nahe gelegenen Restaurant ein, meine Wohnung hielt mir eine Eingehfrau in Ordnung und befreundet war ich mit Leuten aus meinem Fach.

Ich lebte das friedliche Leben einer Intelligenzbestie. Wie erwähnt, hatte ich eine anständige Schule genossen, und dazu kamen gewisse Privilegien, die vielleicht nicht groß waren, aber doch einen gewaltigen Unterschied ausmachten. Ich stammte aus einer »guten Familie« und wurde von meinen Eltern durch erhebliche Geldaufwendungen in den Besitz einer Bildung gesetzt, die mir ein ganz anderes Leben verschaffte, als die Millionen armer Teufel um mich herum es führen konnten. Ich war unbestritten ein Herr und konnte als solcher mehrmals im Tag warm essen, dazwischen rauchen, am Abend in ein Theater gehen und so viele Bäder nehmen, als ich Lust hatte. Meine Schuhe waren leicht, meine Hosen keine Mehlsäcke. Ich konnte ein Bild genießen und ein Musikstück brachte mich nicht in Verlegenheit. Wenn ich mit meiner Eingehfrau über das Wetter sprach, wurde es mir als Menschlichkeit angerechnet.

Die Zeit war verhältnismäßig ruhig. Die Regierung der Republik war nicht gut und nicht schlecht, also im ganzen eher gut, da sie sich nur um ihre eigenen Angelegenheiten kümmerte, wie die Vergebung von Posten und so weiter, und die Leute, die mit ihr nur indirekt zu tun hatten und das Volk ausmachten, halbwegs in Ruhe ließ. Jedenfalls kam ich mit meinen natürlichen Anlagen, wie immer sie waren, einigermaßen durch. Freilich ging es, genaugenommen, in meinem Beruf und auch sonst nicht ohne alle Reibungen ab. Einige kleinere Brutalitäten waren gelegentlich vonnöten, ob es sich nun um eine Frau oder um Kollegen handelte, ab und zu eine mittlere Charakterlosigkeit, aber im Grund nichts, was ich nicht leicht aufbringen konnte, ebenso leicht wie jeder andere meinesgleichen.

Aber die Tage der Republik waren leider schon gezählt.

Ich habe weder die Absicht noch die Fähigkeit, ein Bild der plötzlich so erschreckend überhandnehmenden Arbeitslosigkeit und allgemeinen Verarmung zu entwerfen oder gar die sich hier auswirkenden Kräfte aufzuzeigen. Es war das tief Beunruhigende der bedrohlichen Situation, daß nirgends Ursachen zu dieser jähen Verschlechterung zu entdecken waren.

Wie es schien, war die ganze zivilisierte Welt von unheimlichen Krämpfen geschüttelt, warum, wußte niemand. Die Männer in den Konjunkturforschungsinstituten, die doch über genaue Notierungen auf dem Gebiet der wirtschaftlichen Erscheinungen verfügten, zeigten ihren Kopf nur dadurch, daß sie ihn schüttelten. Die Politiker »gerieten in Bewegung« wie die Hausbalken bei einem Erdbeben. Die wissenschaftlichen Veröffentlichungen der Ökonomen versiegten, dafür wurden unzählige astrologische Zeitschriften gegründet.

Ich machte eine seltsame Beobachtung.

Ich stellte fest, daß das Leben in den Zentren der Zivilisation so verwickelt geworden war, daß auch das beste Gehirn es nicht mehr überblicken und also nicht mehr irgendwelche Voraussagungen machen konnte. Mit unserer ganzen Existenz hängen wir allesamt von der Wirtschaft ab und sie ist eine so komplizierte Angelegenheit, daß, sie zu überblicken, so viel Verstand nötig ist, als es überhaupt nicht gibt! Hier hatten Menschen eine Wirtschaft aufgebaut, die zu überblicken Übermenschen nötig waren!

Der Untersuchung der Situation stellten sich eigentümliche Schwierigkeiten in den Weg. Ich muß hier an eine Erfahrung der modernen Physik denken, den Heisenbergschen Unsicherheitsfaktor. Dabei handelt es sich um folgendes: die Forschungen auf dem Gebiet der Atomwelt werden dadurch behindert, daß wir sehr starke Vergrößerungslinsen benötigen, um die Vorgänge unter den kleinsten Teilchen der Materie sehen zu können. Das Licht in den Mikroskopen muß so stark sein, daß es Erhitzungen und Zerstörungen in der Atomwelt, wahre Revolutionen, anrichtet. Eben das, was wir beobachten wollen, setzen wir so in Brand, indem wir es beobachten. So beobachten wir nicht das normale Leben der mikrokosmischen Welt, sondern ein durch unsere Beobachtung verstörtes Leben. In der sozialen Welt scheinen nun ähnliche Phänomene zu existieren. Die Untersuchung der sozialen Vorgänge läßt diese Vorgänge nicht unberührt, sondern wirkt ziemlich stark auf sie ein. Sie wirkt ohne weiteres revolutionierend. Dies ist wahrscheinlich der Grund, warum die maßgebenden Kreise tiefer schürfende Untersuchungen auf dem sozialen Gebiet so wenig ermuntern.

Da sich Übermenschen, fähig, diese Wirtschaft zu überblicken wie sie war, nicht meldeten und gewisse Leute schon vorschlugen, die Wirtschaft selber radikal zu vereinfachen, um sie überblickbar und dirigabel zu machen, fanden in dieser Situation einige Männer Gehör, die ihre Entschlossenheit verkündeten, die Wirtschaft einfach überhaupt nicht in Betracht zu ziehen.

Der Wieheißterdochgleich war plötzlich in aller Mund.

Dieser hervorragende Mann hatte seit Jahren in einer Provinzstadt, bekannt durch ihre Kunst und ihr hervorragendes Bier, allerhand Kleinbürger um sich gesammelt und ihnen mit einer in unserem Lande ungewöhnlichen Beredsamkeit versichert, daß eine große Zeit im Heraufkommen sei.

Nachdem er einige Jahre im Zirkus aufgetreten war, gewann er das Vertrauen des Reichspräsidenten, eines Generals, der den ersten Weltkrieg verloren hatte, und wurde in Stand gesetzt, den zweiten vorzubereiten.

Ich aber, der ich schon eine große Zeit in meiner Jugend erlebt hatte, bewarb mich eilig um eine Stelle in Prag und verließ Hals über Kopf das Land.

Kalle hatte die Vorlesung mehrmals unterbrechen wollen, aber sein Respekt vor Geschriebenem hatte ihn abgehalten.

KALLE
Wann haben Sie zum ersten Mal vom Faschismus gehört?

ZIFFEL
Vor Jahren, als von einer Bewegung, welche gegen die ewigen italienischen Zugverspätungen gerichtet war und die Größe des alten römischen Reichs wieder aufrichten wollte. Ich hörte, die Mitglieder trügen schwarze Hemden. Ich hielt es aber für einen Irrtum, daß man auf Schwarz Schmutz nicht sieht, braune Hemden sind da weit praktischer, aber natürlich, diese Bewegung kam nachher und konnte die Erfahrungen der ersten ausnützen. Die Hauptsache schien mir, daß der Dingsda dem italienischen Volk ein gefährliches Leben – vita pericolosa – versprach. Nach den italienischen Zeitungen soll das bei der Bevölkerung stürmischen Jubel ausgelöst haben.

KALLE
Ich seh: mit einer großen Zeit kann man Sie jagen. Sie wollen sich nicht dazu überreden lassen, heldenhaft aufzutreten.

ZIFFEL

Ich hab mir gelegentlich ein paar kleinere Tugenden angeschafft, für den Privatgebrauch, nichts Hervorragendes oder Teures, alles zum Verschleiß. Ich habs mir zum Beispiel geleistet und hab dem großen Stilte widersprochen in einer Frage der Atomtheorie, auf die Gefahr hin, daß er mich wissenschaftlich zerreißt. Damit Sie im Bild sind: das ist ungefähr der ersten Besteigung des Matterhorn gleichzusetzen. Ich glaub, Sie halten mich lediglich für einen bequemen Menschen, aber Sie haben mich nicht im Labor gesehen.

KALLE

Nach Ihrem Reden könnt man Sie vielleicht für einen Kleinbürger halten, der nur für seine Bequemlichkeit ist und seine Ruh haben will.

ZIFFEL

Ich weiß, was für Leute Sie meinen. Sie betrachtens als eine Unbequemlichkeit, wenn man sie hindert, zu verfaulen. Aber ich betrachts als eine Unbequemlichkeit, wenn man mich hindert, daß ich mich, oder noch besser, daß ich außer mich selber noch irgendwas andres entwickel, sagen wir die Atomtheorie. Die Herrschaft über die Luft erobern ist was andres, als die Herrschaft in der Luft erobern.

KALLE

Die großen Männer habens nicht leicht mit Ihnen.

ZIFFEL

Ich sehe keinen Grund, es ihnen besonders leichtzumachen.

KALLE

Wenn man sich finanziell etwas rühren kann, ists natürlich eher möglich, daß mans ihnen schwermacht, wenigstens für einige Zeit. Für die Mittellosen ists schwieriger.

ZIFFEL

Sie stellen sich auch ganz ein auf die Mittellosen, das heißt das Volk. Diese faschistischen Bewegungen bezeichnen sich überall als Volksbewegungen. Sie schlagen gegen die Reichen einen oft sehr harten Ton an, besonders, wenn sie mit Unterstützungen der Parteikasse knickrig sein wollen und ihr eigenes Bestes nicht verstehn. Wenn ich auch überzeugt bin, daß gerade der kleine Beitrag es schafft. Und je strenger sie gegen die Reichen reden, desto reichlicher fließt der kleine Beitrag und desto reicher werden sie. Aber sie müssen dafür auch was leisten. Von den großen Männern wird heutzutage im allgemeinen zu viel verlangt. Es ist kein Wunder, daß sie den furchtbaren Forderungen nicht nachkommen können. Zum Beispiel wird gefordert, daß sie vollkommen selbstlos sind. Ich möcht wissen, wie sie das machen sollen und wieso grad sie? Aber sie müssen immerfort versichern, daß sie nichts davon haben, als den Kummer und die Sorgen und die schlaflosen Nächte, und der Wieheißterdochgleich muß öffentlich Tränen vergießen nach dem Litermaß, daß ers ehrlich meint. Nur dann folgt ihm das Volk in den Krieg, wenn der Wieheißterdochgleich ihn aus Idealismus vom Zaun bricht und nicht aus Gewinnsucht.

KALLE

Vor ein paar Jahren hat er eine Rede darüber gehalten, daß er kein Rittergut und kein Bankkonto hat. Das ist kühl aufgenommen worden. Die einen waren peinlich berührt, weil sie selber sich ein oder zwei Güter genommen haben, und die andern wollten sich die Konzentrationslager, die er für sie gebaut hat, nicht schenken lassen. Man hat sich den Kopf darüber zerbrochen, von was er lebt. Man hat herausgefunden, daß er nicht viel braucht. Warum, in die Oper hat er eine Freikarte. Er hat das Gerede schließlich abstoppen müssen und einen Entschluß gefaßt, welchen Beruf er ergreifen wollte. Er hat den Beruf eines Schriftstellers gewählt. Als Reichskanzler hat er befohlen, daß man ihm als Reichskanzler nichts zahlen darf, das war ihm ein Vergnügen, aber er hat zweitens befohlen, daß man ihm als Schriftsteller sein Buch »Mein Kampf« abkauft, auf welche Weis sein Kampf ein voller Erfolg geworden ist. Von dem Honorar hat er sich die Reichswehr und das Reichskanzlerpalais gekauft und ganz anständig gelebt.

ZIFFEL
Es ist interessant, wieviel Müh sie sich geben, zu beweisen, daß sie das Hinschlachten von Millionen Menschen und die Unterdrückung und geistige Verkrüppelung ganzer Völker umsonst machen und nichts dafür liquidieren.

KALLE
Sie müssen zeigen, daß sie sich mit Kleinigkeiten nicht abgeben. Sie leben in ganz großen Gedanken und alles Niedrige ist ihnen fremd, wenns einen Krieg planen.

Worauf sie voneinander schieden und sich entfernten, ein jeder an seine Statt.

6 Trauriges Schicksal grosser Ideen / Die Zivilbevölkerung ein Problem

Ziffel blickte düster auf die staubigen Anlagen vor dem Außenministerium, wo sie die Aufenthaltsbewilligung erneuern lassen mußten. In einem Schaufenster hatte er die schwedische Zeitung mit den Berichten über das Vorrücken der Deutschen in Frankreich ausgehängt gesehen.

ZIFFEL
Alle großen Ideen scheitern an den Leuten.

KALLE
Mein Schwager würd Ihnen beistimmen. Er hat den Arm in die Transmission gekriegt und die Idee gehabt, er könnt einen Zigarrenladen mit Nebenverkauf von Nähzeug, Nadeln, Zwirn und Stopfgarn aufmachen, weil die Frauen schon gern rauchen, aber nicht in Tabakladen gehn möchten, aber die Idee ist daran gescheitert, daß er die Lizenz nicht gekriegt hat. Es hat nicht soviel gemacht, weil er das Geld doch nie zusammenbekommen hätt.

ZIFFEL
Das ist nicht, was ich eine große Idee nenne. Eine große Idee ist der totale Krieg. Haben Sie gelesen, wie jetzt in Frankreich die Zivilbevölkerung dem totalen Krieg in die Quere gekommen ist? Sie hat alle Pläne der Heeresleitungen über den Haufen geworfen, heißt es. Sie hat die militärischen Operationen gehindert, indem die Flüchtlingsströme den Truppenbewegungen die Straßen verstopft haben. Die Tanks sind in den Menschen steckengeblieben, nachdem man endlich Konstruktionen erfunden hat, die nicht einmal in knietiefem Morast steckenbleiben und einen Wald umreißen können. Die hungrigen Leut haben den Truppen die Eßvorräte weggefressen, so daß sich die

Zivilbevölkerung geradezu als eine Heuschreckenplage erwiesen hat. In der Zeitung schreibt ein Militärsachverständiger besorgt, die Zivilbevölkerung ist zu einem ernsten Problem für die Militärs geworden.

KALLE
Für die Deutschen?

ZIFFEL
Nein, für die eigenen; die französische Bevölkerung für die französischen Militärs.

KALLE
Das ist Sabotage.

ZIFFEL
Jedenfalls im Effekt. Was nützen die gewissenhaftesten Berechnungen der Stäbe, wenn sich immer wieder das Volk dazwischendrängt und den Kriegsschauplatz unsicher macht? Kein Kommando, keine Verwarnung, kein gütliches Zureden, kein Appell an die Vernunft scheint da geholfen zu haben. Kaum sind feindliche Flieger mit Brandbomben über einer Stadt erschienen, so ist schon alles, was Beine hatte, aus ihr herausgelaufen, ohne sich den geringsten Gedanken darüber zu machen, daß dadurch die militärischen Operationen empfindlich gestört wurden. Rücksichtslos haben sich die Bewohner zur Flucht gewandt.

KALLE
Was ist da schuld?

ZIFFEL
Man hätt rechtzeitig an die Evakuierung des Kontinents denken müssen. Nur die restlose Entfernung der Völker könnt eine vernünftige Kriegsführung mit voller Ausnützung der

neuen Waffen ermöglichen. Und es müßte eine Dauerevakuierung sein, denn die neuen Kriege brechen blitzschnell aus, und wenn dann nicht alles bereit, das heißt weg ist, ist alles verloren. Und die Evakuierung müßt auf der ganzen Welt vorgenommen werden, denn die Kriege breiten sich rasend aus und man weiß nie, wohin die Vorstöße erfolgen.

KALLE
Evakuierung auf der ganzen Welt für dauernd? Das bräucht Organisation.

ZIFFEL
Es existiert eine Anregung des Generals Amadeus Stulpnagel, die wenigstens als provisorische Zwischenlösung in Betracht käm. Der General schlägt vor, daß man die eigene Zivilbevölkerung mit Transportflugzeugen und Fallschirmen hinter die feindliche Frontlinie in Feindesland absetzt. Das hätt eine doppelte Wirkung im erwünschten Sinn. Erstens würd so der eigene Operationsraum freigemacht, so daß der Aufmarsch reibungslos erfolgen kann und die Lebensmittel dem Heer restlos zugut kommen, zweitens würd die Verwirrung in die feindliche Etappe getragen. Die Zumarschstraßen und Kommunikationslinien des Gegners würden blockiert.

KALLE
Das ist das Ei des Kolumbus! Wie der Führer gesagt hat: die Kolumbuseier liegen auf der Straße herum, es muß nur einer kommen und sie auf den Kopf stellen, womit er auf sich angespielt hat.

ZIFFEL
Die Idee ist echt deutsch in ihrer Kühnheit und unkonventionellen Art. Aber sie ist keine endgültige Lösung des Problems. Denn natürlich würd zur Wiedervergeltung der Feind sofort seine Bevölkerung ebenfalls in Feindesland werfen, denn der

Krieg steht und fällt mit dem Satz »Auge um Auge, Zahn um Zahn«. Eins ist sicher: wenn der totale Krieg nicht Zukunftsmusik bleiben soll, muß da eine Lösung gefunden werden. Die Frage steht einfach so: entweder wird die Bevölkerung abgeschafft, oder Krieg wird unmöglich. Irgendwann, und das bald, muß die Entscheidung getroffen werden.

Ziffel leerte sein Glas so langsam, als wäre es sein letztes. Dann schieden sie voneinander und entfernten sich, jeder an seine Statt.

7 Ziffels Memoiren III / Über Bildung

Ziffel zog einige Manuskriptseiten aus der Jackentasche, als Kalle schnell eine Frage stellte.

KALLE
Hat es eigentlich einen besonderen Vorfall gegeben, daß Sie abgefahren sind? In Ihren Memoiren sagen Sie nichts davon. Es ist da nur eine Unlust, zu bleiben.

ZIFFEL
Ich habe es nicht eingefügt, weil es nicht von allgemeinem Interesse sein kann. Wir hatten einen Assistenten im Institut, der ein Proton nicht von einem Zellkern unterscheiden konnte. Er war der Überzeugung, daß das verjudete System ihn am Hochkommen hinderte, und so trat er in die Partei ein. Ich hab eine Arbeit von ihm korrigieren müssen und er hat gefunden, daß ich in die nationale Erhebung nicht hineinpasse und ihn mit Haß verfolge, weil er für den Wieheißterdochgleich war. Das allein hat meinen Aufenthalt im Land problematisch gemacht, wie der Wieheißterdochgleich die Regierung übernommen hat. Ich bin von Natur unfähig, mich großen und mitreißenden Gefühlen vertrauensvoll hinzugeben, und ich bin einer energischen Führung nicht gewachsen. In großen Zeiten stören Leute wie ich das harmonische Bild. Ich hab davon gehört, daß man eigene Lager errichtet hat, wo man Leute wie mich vor der Wut des Volkes schützen wollte, aber die haben mich nicht gelockt. Ich werd weiterlesen.

KALLE
Meinen Sie, daß Sie sich nicht kultiviert genug vorgekommen sind für dieses Land?

ZIFFEL
Bei weitem nicht kultiviert genug, als daß ich in dem ganzen Dreck hätt menschenwürdig weiterexistieren können. Nennen Sies Schwäche, aber ich bin nicht so human, daß ich angesichts von zuviel Unmenschlichkeit ein Mensch bleiben kann.

KALLE
Ich hab einen gekannt, der war Chemiker und hat Giftgas hergestellt. Er ist privat ein Pazifist gewesen und hat vor der pazifistischen Jugend Vorträge gegen den Wahnsinn des Kriegs gehalten und ist sehr scharf geworden im Vortrag, sie haben ihn immer wieder vermahnen müssen, er soll sich in den Ausdrücken mäßigen.

ZIFFEL
Warum habt ihr ihn reden lassen?

KALLE
Weil er recht gehabt hat, wenn er gesagt hat, daß er mit dem, was er fabriziert, nichts zu tun hat, so wenig ein x-beliebiger Arbeiter in einer Fahrradfabrik etwas mit den Fahrrädern zu tun hat. Und er hat genau wie wir was dagegen gehabt, daß man mit dem, was man fabriziert, nichts zu tun hat. Wir haben genau gewußt, daß wir für den Krieg arbeiten, indem wir überhaupt arbeiten. Denn wenn die Fahrräder, die an und für sich unschuldige Gegenständ sind, nicht über die Grenzen gehn können, weil die Märkte besetzt sind, dann gehn eines schönen Tags die Tanks über die Grenzen, das ist klar. Ich hab Leut sagen hören, der Handel und die Wirtschaft sind human, nur der Krieg ist unhuman. Aber der Handel und die Wirtschaft sind erstens nicht human und zweitens führens bei uns zum Krieg. Und dann wolltens einen humanen Krieg. Machts Krieg, aber nicht gegen die Zivilbevölkerung! Mit Kanonen, aber nicht mit Gas! Der amerikanische Kongreß hat die Rüstungsgewinne, hör ich, auf zehn Prozent begrenzt, und zwar gesetz-

lich. Er hätt ebensogut die Menschenverluste im Krieg gesetzlich auf zehn Prozent beschränken können! Die Barbarei kommt schon von der Barbarei, indem der Krieg von der Wirtschaft kommt. Entschuldigens, daß ich politisch geworden bin.

ZIFFEL
Die Kultur hat überhaupt nichts mit der Wirtschaft zu tun.

KALLE
Leider.

ZIFFEL
Was heißt leider? Redens verständlich mit mir, ich bin Wissenschaftler und faß schwer auf.

KALLE
Ich bin auf die Volkshochschul gegangen. Ich hab geschwankt, was ich lernen soll, Walther von der Vogelweide oder Chemie oder die Pflanzenwelt der Steinzeit. Praktisch gesehn wars gleich, verwenden hätt ich keins können. Wenn Sie Physik gelernt haben, haben Sies mit einem Seitenblick auf die Erwerbsmöglichkeiten gemacht und sich nur zugelegt, was Sie wieder haben verkaufen können, für uns hat sichs nur um Bildung gehandelt und nach welcher Seit wir sie ausbauen.

ZIFFEL
Und nach welcher Seit haben Sie sie ausgebaut?

KALLE
Ich hab Walther von der Vogelweide genommen und am Anfang ists auch gegangen, aber dann bin ich arbeitslos geworden und da war ich abends zu müd und habs aufgesteckt. Die Vorträg waren frei, sie haben nichts gekostet und nichts eingebracht, aber ein Reklambändchen hat soviel gekostet wie ein Dutzend Zigaretten. Vielleicht hab ich auch nur nicht den rich-

tigen Habitus dafür gehabt, daß ich alle Schwierigkeiten überwunden hätt. Der Junge von meiner Wirtin hat die ganze Pflanzenwelt auswendig gelernt mit der Zeit, er hat eine eiserne Energie gehabt, ist nie einen Abend spazierengegangen, nie ins Kino und hat nichts gemacht, als sich gebildet, und er hat sich sogar dadurch geschadet, indem er Brillen gebraucht hat, was ihn an der Drehbank gehindert hat, wenn das auch am Schluß egal war, weil er arbeitslos geworden ist.

ZIFFEL
Wie Sie sagen, es liegt nur an Ihnen, ob Sie sich bilden wollen oder nicht. Ich bin sicher, daß der Junge von Ihrer Wirtin noch mehr hätt leisten können. Er hat bestimmt immer noch nicht seine Zeit ganz ausgenützt, wenn er nachgedacht hätt, hätt er wahrscheinlich gefunden, daß er soundso oft ohne ein Buch auf dem Kloset war oder immer wieder vom Buch aufgeschaut hat beim Lesen. Das mag nur drei Sekunden sein, aber rechnen Sie zusammen, nehmen Sie 20, 30 Jahre Aufschaun vom Buch beim Lesen, das macht unter Umständen eine ganze Woche Versäumnis aus! Die Pflanzenwelt ist groß, es ist ein kolossales Gebiet, ein vollständiges Wissen darüber erfordert eine unmenschliche Leidenschaft für den Gegenstand, besonders von einem Mechaniker, der noch andres zu tun hat. Und es ist ganz falsch, daß Sie die Frage aufwerfen, ob das Wissen etwas einbringt, denn wer nicht das Wissen um des Wissens willen erstrebt, soll die Finger davon lassen, weil er kein wissenschaftlicher Geist ist.

KALLE
Ich hab die Frage nicht aufgeworfen, wie ich den Kurs genommen hab.

ZIFFEL
Dann waren Sie geeignet und es liegt von seiten der Wissenschaft nichts gegen Sie vor. Sie wären befugt gewesen, bis in Ihr

Greisenalter was von Walther von der Vogelweide zu hören, und vom ethischen Standpunkt aus sind Sie sogar höher gestanden, als der Herr, der die Vorträge gehalten hat, da er mit seiner Wissenschaft immerhin verdient hat. Schad, daß Sie nicht durchgehalten haben.

KALLE
Ich weiß nicht, ob es viel Sinn gehabt hätt auf die Dauer. Wozu meinen Schönheitssinn ausbilden, indem ich die Bilder von dem Rubens anschau, und die Mädchen, die in Betracht kommen, haben alle die Gesichtsfarb, die sie in der Fabrik kriegen? Und der Junge von meiner Wirtin studiert die Pflanzenwelt und sie hat nicht das Geld für ein Stäudel Salat!

ZIFFEL
Wir könnens so ausdrücken: wenn der Bildungsdrang in einem Land einen so heroischen und selbstlosen Anstrich kriegt, daß er allgemein auffällt und für eine hohe Tugend gehalten wird, wirft das ein schlechtes Licht auf das Land.

Bald darauf schieden Ziffel und Kalle voneinander und entfernten sich, jeder an seine Statt.

ÜBER DEN BEGRIFF DES GUTEN / DIE DEUTSCHEN GREUEL / KONFUTSE ÜBER DIE PROLETEN / ÜBER DEN ERNST

KALLE
Das Wort »gut« hat einen häßlichen Beigeschmack.

ZIFFEL
Die Amerikaner haben ein Wort für einen guten Menschen, das heißt »sucker«, ausgesprochen sagger, am besten ausgespuckt aus einem Mundwinkel. Es bedeutet ein auf den Leim Gegangener, Hereinfaller, das, was ein Bauernfänger sucht, wenn er Hunger hat.

KALLE
Am besten, man denkt an einen »gütigen Bäckergehilfen«, Arm in Arm mit einem »leutseligen Metallarbeiter«, dann fallen einem die Schuppen von den Augen. Gut sind nur diejenigen im großen Maßstab, die man nicht die besseren Leute nennt. Die Textilarbeiter kleiden uns, die Bauernknecht nähren uns, die Maurer und Metallarbeiter hausen uns, die Brauer tränken uns, die Setzer bilden uns – alles gegen ein bekannt schäbiges Entgelt, so was von Selbstlosigkeit kennt nicht einmal die Bergpredigt.

ZIFFEL
Wer sagt, daß die gut sind? Zum Gutsein fehlt ihnen, daß sie damit einverstanden sind, wenn das Entgelt schäbig ist, und erfreut, daß wir angenehm leben. Das sind sie aber *nicht*.

KALLE
Stellen Sie sich nicht dumm. Ich brauch Sie nur zu fragen: auf Herz und Gewissen, würden Sie ihnen raten, daß sie über den schäbigen Lohn erfreut sein sollen?

ZIFFEL
Nein.

KALLE
Sie wollen also nicht, daß sie gut sind? Oder nur außerhalb ihrer Haupttätigkeit, am Feierabend, vielleicht zu einer Katz, die von einem Baum nicht mehr herunterkommt, und in einer Weise, daß es überhaupt nicht ausgibt!

ZIFFEL
Ich würd keinem anraten, daß er sich ohne die allergrößte Vorsicht menschlich benimmt. Das Risiko ist zu gewaltig. In Deutschland, nach dem ersten Weltkrieg, ist ein Buch erschienen mit dem sensationellen Titel »Der Mensch ist gut!«, und ich habe mich sofort unruhig gefühlt und aufgeatmet, wie ein Kritiker geschrieben hat »der Mensch ist gut, das Kalb schmackhaft«. Andrerseits habe ich ein Gedicht von einem Stückeschreiber gefunden, mit dem ich auf dem Gymnasium war, das das Gutsein nicht als etwas Heroisches hinstellt. Es geht so:
An meiner Wand hängt ein japanisches Holzwerk
Maske eines bösen Dämons, bemalt mit Goldlack.
Mitfühlend sehe ich
Die geschwollenen Stirnadern, andeutend
Wie anstrengend es ist, böse zu sein.
Das führt mich zu einer Frage: wie stehn Sie zu den deutschen Greueln? Nebenbei: Ich hab was gegen das Wort »deutsch«. »Deutsch sein heißt gründlich sein« beim Bodenwachsen und beim Judenvertilgen. »Der deutsche Mensch hat einen Hang zu einem Lehrstuhl für Philosophie.« Wenns nur benutzt würd zum Unterscheiden, aber es wird mit diesem seelenvollen, blutrünstigen Ausdruck gesprochen. Ich könnt mir vorstellen, daß der deutsche Mensch, nachdem er sich in Paris und vor Stalingrad und in Lidice hat blicken lassen, jetzt endlich den Drang verspürte, daß er seinen Namen ablegt. Wie soll er sonst ein

neues Leben anfangen, wenn jeder ihn kennt? Wir könnten uns, zur Unterscheidung, das, sagen wir, neunte Land nennen, die Neuner, mit einer neunigen Seele oder so. Und man müßte die Ziffer ab und zu abändern, daß sie nicht wieder den seelenvollen Klang abkriegt. Es ist widerwärtig, wenn man jeden Holzkopf sich so stolz aufführen sieht, als ob er die »Matthäuspassion« oder »Die lustige Witwe« geschrieben hätt. Ich bin abgeschweift. Ich wollte Sie nur fragen: Glauben Sie an die deutschen Greuel?

KALLE
Ja.

ZIFFEL
Und nicht, daß es Propaganda ist?

KALLE
Von den Alliierten?

ZIFFEL
Oder von den Nazis.

KALLE
Ich glaub ohne weiteres, daß in der deutschen Armee eine starke Grausamkeit herrscht. Wenn Sie unterwerfen und rauben wollen, müssens zuschlagen, bis der Arm weh tut. Mitm Überreden und Tätscheln könnens keinen dazu bringen, daß er Ihnen sein Hab und Gut abliefert; er machts nicht und wenn Sie mit Engelszungen reden.

ZIFFEL
»In der deutschen Armee herrscht eine starke Grausamkeit«, das ist zweideutig ausgedrückt, das wissens.

KALLE
Über, was herrschen ist, besteht eine verkehrte Meinung bei einigen. Die meisten Leut wissen zeit ihres Lebens nicht, daß sie beherrscht werden, das ist eine Tatsache. Sie meinen, sie tun, was sie auch täten, wenns überhaupt keine Obrigkeit oder sonstwas, was herrscht, gäb. Wenn sie was merken, werden sie manchmal ganz wild. Man denkt, wenn der Hitler Deutschland beherrscht, das bedeutet, er herrscht, aber viele Leut haben eine andre Meinung; nur, weil er eben herrscht, können sie die ihrige nicht immer durchdrücken, oder nie. Es is aber anders. Natürlich gibts solche Leut, aber entscheidend is, daß sehr bald nicht nur er herrscht, sondern auch seine Meinungen. Er hat auch die Mittel, ihren Verstand zu besiegen. Zum Beispiel, er gibt Ihnen die Information, was vorgeht. Wenn Sie schon denken, daß die Information falsch is, so haben Sie immer noch keine richtige, das heißt, Sie sind ohne. Außerdem kann er sich, wenn er die Leute zu einem dreckigen Raubzug kriegen will, ohne weiteres auch an das »Schönste und Edelste« in ihnen wenden. Ich hab mir ein Gedicht abgeschrieben, das in Stockholm kursiert is, das is nicht schlecht.

Der Untersetzte kramte in seiner Brieftasche, die bis zum Platzen voll von abgegriffenen Dokumenten und Ausschnitten mit Eselsohren war, und zog einen Zettel heraus, der mit Bleistift beschrieben war.

KALLE
(liest das Gedicht *Appell der Laster und Tugenden* aus der *Steffinischen Sammlung* vor)

ZIFFEL
Nach Ihrer Meinung hätt der Hitler aus den zwölf Aposteln eine ganz schöne Schutzstaffel bilden können.

KALLE
Einen Profit kriegens nur heraus, wenns mit allen Mitteln vorgehn.

ZIFFEL
An allem ist der Kapitalismus schuld – das ist eine Platitüde.

KALLE
Leider is es keine.

ZIFFEL
Ich stimm Ihnen zu, daß es nicht bekannt genug ist, und ich würd sogar außerdem zugeben, daß ich selber einen gefährlichen Hang hab, Platitüden zu unterdrücken, auch wenn es nützliche Wahrheiten sind. In der Chemie wär eine solche Gewohnheit nicht aufrechtzuerhalten. Wissen Sie, daß Ihr Konfutse, der Karl Marx, die moralischen Qualitäten des Proletariats recht kühl eingeschätzt hat? Er hat ihm auch Komplimente gemacht, geb ich zu, aber daß die Proleten Untermenschen sind, hat der Goebbels von Karl Marx persönlich. Nur daß der letztere der Meinung war, sie haben es satt.

KALLE
Wie können Sie behaupten, daß der Marx die Arbeiter beschimpft haben soll? Sind Sie nicht so originell, bitte.

ZIFFEL
Lassens mich originell sein, sonst bin ich stupid, und was haben Sie davon? Der Marx hat die Arbeiter nicht beschimpft, er hat festgestellt, daß ihnen von der Bourgeoisie ein Schimpf angetan wird. Meine Kenntnis vom Marxismus ist unvollkommen, so seiens lieber vorsichtig. Eine halbwegs komplette Kenntnis des Marxismus kostet heut, wie mir ein Kollege versichert hat, 20000 bis 25000 Goldmark, und das ist dann ohne die Schikanen. Drunter kriegen Sie nichts Richtiges, höchstens

so einen minderwertigen Marxismus ohne Hegel oder einen, wo der Ricardo fehlt und so weiter. Mein Kollege rechnet übrigens nur die Kosten für die Bücher, die Hochschulgebühren und die Arbeitsstunden und nicht, was Ihnen entgeht durch Schwierigkeiten in Ihrer Karriere oder gelegentliche Inhaftierung, und er läßt weg, daß die Leistungen in bürgerlichen Berufen bedenklich sinken nach einer gründlichen Marxlektüre; in bestimmten Fächern wie Geschichte oder Philosophie werdens nie wieder wirklich gut sein, wenns den Marx durchgegangen sind.

KALLE
Und was ist mit dem Untermenschentum von den Arbeitern?

ZIFFEL
Die Meinung scheint zu sein, wie gesagt, ohne Gewähr, daß dem Proleten die Menschlichkeit, das heißt, seine eigene, verweigert wird, so daß er was unternehmen muß, entmenscht wie er ist in einer Welt, wos für ihn auf Menschlichkeit besonders ankommt. Der homo sapiens tut nach Marx nur was, wenn er dem absoluten Ruin in die Pupille starrt. Die höheren Züge läßt er sich nur erpressen. Das Richtige macht er nur im Notfall, so ist er für Menschlichkeit nur, wenns gar nicht mehr anders geht. So kommt der Prolet zu seiner Mission, die Menschheit auf eine höhere Stufe zu heben.

KALLE
Gegen diese Mission bin ich immer gewesen, sozusagen instinktiv. Es klingt schmeichelhaft, aber den Schmeichlern mißtrau ich immer, Sie nicht? Ich wär neugierig, was das Wort Mission heißt, ich mein wörtlich.

ZIFFEL
Es kommt vom lateinischen mittere, schicken.

KALLE
Ich hab mirs gedacht. Der Prolet soll wieder der Geherda sein. Sie denken sich einen Idealstaat aus und wir sollen ihn schaffen. Wir sind die Ausführenden, Sie bleiben die Führenden, wie? Wir sollen die Menschheit retten, aber wer ist das? Das sind Sie. In Stockholm hab ich einen jüdischen Emigranten getroffen, einen Bankier mit dem Titel Kommerzienrat, der mir ernstlich Vorhaltungen gemacht hat, daß wir Sozialisten nicht Revolution gemacht haben, sondern den Hitler haben die Macht ergreifen lassen. Er hätt sich, scheints, eine Art Kommerzienrätedeutschland gewünscht. Die Russen habens auch von dem Gesichtspunkt aus beurteilt. In der Frankfurter Zeitung ist immer wieder gestanden, daß es dort kein echter Kommunismus ist, und so hat die Sowjetunion eine schlechte Kritik bekommen. Sie haben geschrieben, es ist ein interessantes Experiment, und in einem objektiven Ton, als ob sie ihr Endurteil nur davon abhängig machen wollten, obs technisch durchführbar war. Aber vielleicht haben die französischen Adligen auch so über die Guillotine geredet.

ZIFFEL
Versteh ich Sie recht: Sie weigern sich, die Menschheit zu befreien?

KALLE
Jedenfalls zahl ich ihr nicht den Kaffee.

KALLE
Manchmal, nehmen Sies mir nicht übel, geh ich mir selber auf die Nerven, daß ich in einer solchen Zeit sitz und herumwitzel.

ZIFFEL
Erstens könnt ich Ihnen antworten, daß wir beide zum wirklichen Ernst nicht satt genug sind, besonders mit zwei motorisierten deutschen Divisionen im Land und keinem Visum.

Zweitens ist der Ernst als Lebenshaltung ein bissel diskreditiert im Augenblick; denn das Ernsteste, was es je gegeben hat, ist der Hitler und die Seinen. Er gehört zu den ernsten Mördern, Mord ist was sehr Ernstes. Keine oberflächliche Natur, die Polen werdens Ihnen bestätigen. Dagegen war der Buddha ein Humorist. Und drittens brauchen wir uns nicht würdig zu verhalten, wir sind keine Metzger. Eine gute Sache könnens immer auch lustig ausdrücken.

KALLE
Wie ein Festredner von den Feuerbestattern gesagt hat: die Bourgeoisie hat nichts zu verlieren außer ihr Geld.

Kurz darauf schieden sie voneinander und entfernten sich, jeder an seine Statt.

8 Die Schweiz, berühmt durch Freiheitsliebe und Käse / Vorbildliche Erziehung in Deutschland / Die Amerikaner

ZIFFEL
Die Schweiz ist ein Land, das berühmt dafür ist, daß sie dort frei sein können. Sie müssen aber Tourist sein.

KALLE
Ich war dort und hab mich nicht sehr frei gefühlt.

ZIFFEL
Wahrscheinlich habens in keinem Hotel gewohnt. Sie müssen in einem Hotel wohnen. Von da aus können Sie hin, wohin Sie wollen. Um die größten Berge mit der schönsten Aussicht sind keine Zäun und nichts. Es heißt, Sie fühlen sich nirgends freier als auf einem Berg.

KALLE
Ich hab gehört, die Schweizer selber steigen nie hinauf, wenns nicht Bergführer sind, und dann sinds nicht ganz frei, sondern müssen die Touristen herumtragen.

ZIFFEL
Die Bergführer haben wahrscheinlich weniger Freiheitsdurst als die andern Schweizer. Der historische Freiheitsdurst der Schweiz kommt daher, daß die Schweiz ungünstig liegt. Sie ist umgeben von lauter Mächten, die gern was erobern. Infolgedessen müssen die Schweizer immerfort auf dem Qui vive sein. Wenns anders wär, bräuchten sie keinen Freiheitsdurst. Man hat nie was von einem Freiheitsdurst bei den Eskimos gehört. Sie liegen günstiger.

KALLE
Die Schweizer haben Glück gehabt, daß es gleich mehrere sind, die schlimme Absichten auf sie haben. Keiner von ihnen gönnt dem andern die Schweiz. Wenn ihr Glück ausläßt, das heißt wenn eine von den Mächten stärker wird, ists herum.

ZIFFEL
Wenn Sie meine Meinung wissen wollen: raus aus jedem Land, wo Sie einen starken Freiheitsdurst finden. In einem günstiger gelegenen Land ist er überflüssig.

KALLE
Sie haben recht, es ist verdächtig, wenn wo viel von Freiheit die Rede ist. Es ist mir aufgefallen, daß so ein Satz »bei uns herrscht Freiheit« immer kommt, wenn jemand sich über Unfreiheit beschwert. Dann heißt es sofort: »Bei uns ist Meinungsfreiheit. Bei uns könnens jede Überzeugung haben, die Sie wünschen.« Das stimmt, indem das überall stimmt. Nur äußern könnens Ihre Überzeugung nicht. Das wird strafbar. Wenns in der Schweiz was gegen den Faschismus sagen, was mehr ist als nur, daß Sie ihn nicht lieben, was keinen Wert hat, heißts sofort: »Diese Überzeugung darf man nicht äußern, weil sonst unsere Freiheit bedroht ist, denn dann kommen die Deutschen.« Oder sagens dort einmal, Sie sind für den Kommunismus. Sofort werdens hören, daß Sie das nicht sagen dürfen, weil der Kommunismus die Unfreiheit bedeutet. Denn die Kapitalisten sind im Kommunismus unfrei. Sie werden verfolgt, weil sie eine andere Meinung haben, und auch die Arbeiter sind nicht mehr frei, bei ihnen Arbeit zu nehmen. Ein Herr in einem Gasthof hat mir gesagt: »Versuchens einmal, in Rußland, eine Initiative zu haben und eine Fabrik aufzumachen! Sie können nicht einmal ein Haus kaufen.« Ich hab ihm gesagt: »Kann ichs hier?« »Jederzeit«, hat er gesagt, »schreiben Sie einen Scheck aus und fertig.« Ich hab sehr bedauert, daß ich kein Konto auf der Bank gehabt hab, denn sonst hätt ich eine Fabrik aufmachen können.

ZIFFEL

Gemeint ist, daß Sie im Privaten einige Freiheiten haben und nicht gleich verhaftet werden, wenn Sie an einem Biertisch eine Überzeugung haben, die von der erlaubten abweicht.

KALLE

Hier dürfens auch am Biertisch keine Meinung mehr haben. Die Deutschen und vor ihnen schon andere haben entdeckt, daß auch das schon gefährlich ist. Sie sind auch untern Biertisch gekrochen. Sie haben den Freiheitsdurst der Kleinbürger an der Wurzel gepackt.

ZIFFEL

Sie tun, was sie können, aber sie sind noch nicht ganz durch. Sie haben in ihren Konzentrationslagern Vorbildliches geschaffen, aber Rom wird nicht an einem Tag gebaut und die Leut erlauben sich noch einen ganzen Haufen Freiheiten. Zum Beispiel Sie können auch in Deutschland noch zuweilen frei herumgehn durch die Stadt und vor den Läden stehn bleiben, wenns auch nicht gern gesehn ist, weil kein Ziel da ist.

KALLE

Ja, ein Ziel brauchens immer. Ziel ist, worauf man schießt.

ZIFFEL

Man hat es ganz zu Unrecht für einen bewußten Schwindel von ihnen genommen, daß die Konzentrationslager zur Erziehung da sind. Das sind Musteranstalten für Erziehung. Sie probieren sie an ihren Feinden aus, aber gedacht sind sie für alle. Natürlich hat sich ihr Staat noch nicht ganz durchgesetzt und ist noch schwächlich. Daß die Arbeiter nach der Arbeit noch nach Haus gehn zum Beispiel, müssens im Grund für ganz unglaublich verrottete Zustände halten. Sie haben noch lang nicht alle erfaßt. Schön, sie haben die Kinder von sechs Jahren an und dann aus der Wieheißterdochgleichjugend über das

Militär in die Partei die Jünglinge und Männer. Aber was ist zum Beispiel mit den Greisen? Wo ist die Formation der Wieheißterdochgleichgreise? Da ist eine fühlbare Lücke. Leicht möglich, daß von daher einmal eine Gefahr für sie ausgehn kann!

KALLE
Ich weiß auch nicht, ob schon alles für die Kinder geschehn ist. Die größeren können ganz gut ihre Eltern bespitzeln und die kleineren können Schrott sammeln, aber man müßt vielleicht doch schon im Mutterleib anfangen. Da hätt die Wissenschaft noch ein Feld. Ich mein, schaden kanns nichts, wenn die Schwangeren viel Militärmärsche hören und den Führer in Greifweite überm Bett haben, aber das ist primitiv. Es muß da Übungen geben für werdende Mütter, die einen Einfluß schon auf den Fötus ausüben, das Propagandaministerium muß an den Fötus ran, kein Augenblick darf verloren werden.

ZIFFEL
Die Fürsorge für das Kind ist unendlich wichtig. Das Kind ist das Teuerste, was die Nation hat. Das Antlitz des Dritten Reichs wird das Antlitz sein, das die neuen Generationen haben werden, es muß also einen Wieheißterdochgleichbart haben, aber die Erziehung fängt im Mutterleib an. Es ist eine alte Vorschrift, daß die werdende Mutter sich zum Beispiel Bewegung machen soll. Schon das mit zurückgebogenem Kopf Hochschaun zu den feindlichen Bombenfliegern ist zu begrüßen.

KALLE
Das Wichtigste ist vielleicht doch, daß man die größeren Kinder, auch die reifere Jugend von allen Orten weghält, wo sie verdorben und dem Staat entfremdet werden kann, vor allem ausm Erwerbsleben. Was nützt es, wenn man mit unendlicher Mühe und Strenge den jungen Menschen zum unbedingten

Glauben an den Führer und die Zukunft erzieht, und dann tritt er ins Erwerbsleben hinaus und wird überall ausgequetscht und ausgenutzt, so daß er bitter wird und zweifelt? Das Erwerbsleben müßt man abschaffen.

ZIFFEL
Das ist richtig, das würd eine gute Wirkung haben.

KALLE
Solang wir unser Erwerbsleben haben, kann immer ein Freiheitsdurst entstehn. Warum, es ist zu anstrengend.

ZIFFEL
Für die meisten.

KALLE
Nehmens die Amerikaner, ein großes Volk. Zuerst haben sie sich gegen die Übergriffe der Indianer wehren müssen und jetzt haben sie die Millionäre aufn Hals bekommen. Ständig werdens überfallen von den Nahrungsmittelkönigen, umzingelt von den Öltrusts, gebrandschatzt von den Eisenbahnmagnaten. Der Feind ist listig und grausam und verschleppt Frauen und Kinder in die Tiefe der Kohlenminen oder hält sie in Autofabriken gefangen. Von den Zeitungen werden sie in die Hinterhalte gelockt, und die Banken lauern ihnen beim hellichten Tag am Weg auf. Während sie jeden Augenblick gefeuert werden können, ja sogar, wenn sie gefeuert sind, kämpfen sie wie die Wilden um ihre Freiheit, dafür, daß jeder machen kann, was er will, was die Millionäre mit Freude begrüßen.

ZIFFEL
(begeistert)
So ist es: wie die wilden Tiere müssens ständig auf der Höhe sein, sonst werdens überwältigt. Sie möchten vielleicht gern einmal die Köpf hangen lassen und finster vor sich hintieren

und den Lebensüberdruß ein wenig auskosten nach Herzenslust, aber das geht nicht, das kostet gleich die Existenz, das hab ich aus sicherer Quelle. Ich hab einen Onkel drüben, der war herüben wie ich ein Junge war, den vergeß ich nie. Er war den ganzen Tag optimistisch, der arme Mensch, sein Gesicht hat sich immerfort zu einem zuversichtlichen Grinsen verzogen, daß man seine goldenen Stiftzähne gesehen hat, und meinem Vater, der den Rheumatismus gehabt hat, hat er im Tag mehrere Male ermunternd auf die Schulter und auf den Rücken geschlagen, daß er jedesmal vor Schmerz aufgezuckt hat. Er hat ein Auto mitgebracht von drüben, das war damals noch eine Seltenheit, und einmal haben wir einen Ausflug auf den Kobelberg gemacht, da hat er dauernd davon gesprochen, wie man früher hat zu Fuß auf die Berge kriechen müssen. Das Auto ist bergauf stehengeblieben, wir haben zu Fuß vollends hinaufgehen müssen und seinen letzten Atem hat er dazu verschwendet, daß er versichert hat, die Autos werden auch noch besser werden.

KALLE
Grad bei den Amerikanern ist ein besonders starkes Gerede von Freiheit. Wie ich schon vorhin gesagt hab: es ist verdächtig. Damit einer von Freiheit redet, muß ihn der Schuh drücken. Von Menschen, die in gutem Schuhwerk herumgehn, werdens selten erleben, daß sie in einem fort davon reden, wie leicht ihre Schuh sind und wie sie passen und nicht drücken und daß sie keine Hühneraugen haben und keine dulden würden. Ich hab mich für Amerika begeistert, wie ich das gehört hab, und hab Amerikaner werden wollen oder wenigstens hinkommen in diese Freiheit. Ich bin vom Pontius zum Pilatus gelaufen. Der Pontius hat keine Zeit gehabt und der Pilatus war verhindert. Der Konsul hat verlangt, daß ich vier Mal um den Häuserstock kriech auf allen vieren und mir dann von einem Doktor bestätigen laß, daß ich keine Schwielen gekriegt hab. Dann hab ich eidesstattlich versichern sollen, daß ich keine

Ansichten hab. Ich hab ihm blau in die Augen geschaut und es versichert, aber er hat mich durchschaut und verlangt, daß ichs beweis, auch daß ich nie eine gehabt hab, und das hab ich nicht können. So bin ich nicht in das Land der Freiheit gelangt. Ich bin nicht sicher, daß meine Freiheitsliebe für das Land ausgereicht hätt.

Bald darauf schieden Ziffel und Kalle voneinander und entfernten sich, jeder an seine Statt.

9 Frankreich oder der Patriotismus / Über Verwurzelung

Ziffel mußte Kalle die traurige Eröffnung machen, daß er keine Möglichkeit sehe, seine Memoiren fortzusetzen, da er zuwenig erlebt habe.

KALLE
Sie müssen doch was erlebt haben. Wenns keine großen Erlebnisse gehabt haben, dann habens kleine gehabt. Beschreibens die kleinen!

ZIFFEL
Das ist die Theorie, daß jeder ein Leben hat, aber sie ist eine Erschleichung, denn das gilt nur logisch, indem man siebzig Jahre Vegetieren eben Leben nennen kann, aber auch drei Jahre. Ich kenn die Redeweise, nach der man sich an einem Kieselstein am Ufer des Bächleins ebenso erfreuen kann, wie an einem Matterhorn. Man kann sozusagen Gottes Schöpfung dabei ebenso bewundern, aber ich bewunder sie lieber beim Matterhorn, das sind Geschmacksfragen. Natürlich kann man von allem interessant reden, aber nicht alles verdient Interesse. Jedenfalls bin ich schon fertig mit meinen Memoiren, das ist traurig genug.

KALLE
Sie können ja mündlich vorbringen, wo Sie überall waren und warum Sie wieder weggegangen sind, kurz, wie Sie gelebt haben.

ZIFFEL
Dann kämen wir zu Frankreich. La patrie. Ich bin froh, daß ich kein Franzose bin. Sie müssen zu patriotisch sein für meinen Geschmack.

KALLE
Ja, sagens ruhig, was Sie da dagegen haben.

ZIFFEL
Das ist ein Land, wo der Patriotismus betrieben werden muß wie ein Laster, nicht nur wie eine Tugend. Sie sind nicht verheiratet mit ihrem Land, sondern es ist ihre Geliebte. Und wie sie eifersüchtig ist!

KALLE
Ich hab eine Freundin gehabt, die hat mich alle Viertelstunden gefragt, ob ich sie noch lieb. Wenn ich ins Bett mit ihr gegangen bin, hat sie gesagt, ich lieb sie nur wegen dem Bett, und wenn ich ihr zugehört hab, hat sie gesagt, wenn sie stumm wär, würd ich sie nicht mehr mögen. Es war anstrengend.

ZIFFEL
In Frankreich ist einmal ein Dichter als Original berühmt worden, weil er ins Ausland gefahren ist. Sie haben Bücher über ihn geschrieben, obs krankhaft war oder echte Originalität.

KALLE
Die Liebe zum Vaterland soll dort so geschätzt sein, daß sie sofort nach der Liebe zum Essen kommt. Und die ist dort höher entwickelt als sonstwo, hör ich. Aber das schlimmste ist, daß sie die Leute nur ganz selten Patrioten sein lassen.

ZIFFEL
Wieso?

KALLE
Nehmen Sie diesen Krieg. Es hat damit angefangen, daß der gemeine Mann links gewählt und den Siebenstundentag verlangt hat. Das Gold hat nichts machen können, aber es war verschnupft und ist verreist nach Amerika. So hat man nicht

aufrüsten können. Gegen den Faschismus ist der gemeine Mann gewesen aus demselben Grund, warum er für den Siebenstundentag war, und so hats Krieg gegeben. Die Generäle haben gesagt, sie können nichts machen, wenn nicht aufgerüstet ist, und haben den Krieg abgebrochen, auch weil sie sich gedacht haben, daß der gemeine Mann nichts machen kann, wenn die fremden Truppen im Land sind und auf Ordnung schaun. Die Patrioten, die haben weiterkämpfen wollen, sind verhaftet worden und werden zu fühlen bekommen, was es heißt, gegen den Staat sein. In der Tschechoslowakei ists ganz ähnlich gewesen. Man muß ein kolossaler Patriot sein, damit man in so einem Land ein Patriot bleibt, das werden Sie zugeben, wie ich Sie kenne.

ZIFFEL
Es ist mir immer merkwürdig vorgekommen, daß man gerade das Land besonders lieben soll, wo man die Steuern zahlt. Die Grundlage der Vaterlandsliebe ist die Genügsamkeit, eine sehr gute Eigenschaft, wenn nichts da ist.

KALLE
Die Vaterlandsliebe wird schon dadurch beeinträchtigt, daß man überhaupt keine richtige Auswahl hat. Das ist so, als wenn man die lieben soll, die man heiratet, und nicht die heiratet, die man liebt. Warum, ich möcht zuerst eine Auswahl haben. Sagen wir, man zeigt mir ein Stückel Frankreich und einen Fetzen gutes England und ein, zwei Schweizer Berge und was Norwegisches am Meer, und dann deut ich drauf und sag: das nehm ich als Vaterland; dann würd ichs auch schätzen. Aber jetzt ists, wie wenn einer nichts so sehr schätzt wie den Fensterstock, aus dem er einmal heruntergefallen ist.

ZIFFEL
Das ist ein zynischer, wurzelloser Standpunkt, der gefällt mir.

KALLE
Sonst hör ich immer, man soll verwurzelt sein. Ich bin überzeugt, die einzigen Geschöpfe, die Wurzeln haben, die Bäum, hätten lieber keine, dann könntens auch in einem Flugzeug fliegen.

ZIFFEL
Es heißt, man liebt das, für das man Schweiß vergossen hat. Das wäre eine Erklärung für eine Erscheinung wie die Vaterlandsliebe.

KALLE
Ich nicht. Ich lieb nicht das, wofür ich Schweiß vergossen hab, nicht einmal alles, wofür ich meinen Samen vergossen hab. Ich hab es einmal mit einer Person zu tun gehabt, mit der bin ich bis nach Wannsee hinausgefahren, weil mir ihre Figur gefallen hat, sie hat allerhand hübsche Sachen gehabt; aber dann hat sie zu Mittag gegessen und dann hat sie rudern wollen und dann hat sie Kaffee haben müssen und am End war ich soweit, daß ich sie glatt hätt im Gebüsch sitzenlassen, wenn sie auch nur noch eine halbe Minut über die Zeit mit dem Schlüpferausziehn gebraucht hätt. Und ich sag noch einmal, sie hat eine erstklassige Figur gehabt.

ZIFFEL
Ja, Sie sagten, mit hübschen Sachen. Wenn ich mir vorstell, in was für einem Land ich leben wollte, wähl ich eins, wo einer schon, wenn er einmal in einem gedankenlosen Augenblick so was murmelt wie »ganz hübsch hier die Gegend«, sofort ein Denkmal als Patriot kriegt. Deshalb, weil es in diesem Land ganz und gar unerwartet kommt, so daß es eine Sensation ist und wirklich geschätzt wird. Natürlich, einer, der nichts murmelt, muß ebenfalls ein Denkmal kriegen, und zwar, weil er nichts Überflüssiges gesagt hat.

KALLE
Sie haben sich Ihr Land von den Patrioten vereckeln lassen, dies besitzen. Ich denk manchmal: was für ein hübsches Land hätten wir, wenn wir es hätten! Ich erinner mich an ein Gedicht, das ein paar Vorzüg aufzählt. Sie müssen nicht glauben, ich habs mit Gedichten, das betreffende hab ich nur aus Zufall wo gesehn und ich kanns auch nicht mehr vollständig, vor allem weiß ich nicht, was über die Provinzen gesagt wird. Sie kommen so vor, mit Lücken:
> Ihr freundlichen bayrischen Wälder, ihr Mainstädte
> Fichtenbestandene Rhön, du, schattiger Schwarzwald!

Dann kommt was, das ich vergessen hab, irgendwas damit in Zusammenhang, und dann gehts weiter:
> Thüringens rötliche Halde, sparsamer Strauch der Mark und ihr
> Schwarzen Städte der Ruhr, von Eisenkähnen durchzogen.

Lücke, irgendwas dazwischen, dann:
> Auch du, vielstädtiges Berlin
> Unter und über dem Asphalt geschäftig, ihr
> Hanseatischen Häfen und Sachsens
> Wimmelnde Städte und Schlesiens rauchüberzogene, nach Osten blickende!

Der Sinn ist, man sollte es erobern, es würd sich lohnen!

Ziffel blickte Kalle verwundert an, konnte aber nichts von dem Schafsmäßigen an ihm entdecken, das alle haben, die etwas Patriotisches äußern, und leerte kopfschüttelnd sein Glas.

10 Dänemark oder der Humor / Über die Hegelsche Dialektik

Das Gespräch kam auch auf Dänemark, wo sowohl Ziffel als auch Kalle sich aufgehalten hatten, weil es auf der Strecke lag.

ZIFFEL
Dort haben sie einen ganz sprichwörtlichen Humor.

KALLE
Aber keine Lifte. Ich sprech aus Erfahrung. Die Dänen sind sehr gemütliche Leut und haben uns gastlich aufgenommen. Sie haben sich die Köpf zerbrochen, wie sie uns was zugute kommen lassen könnten, aber wir haben selber drauf kommen müssen. Was uns zum Vorteil geworden ist, war, daß sie in ihren Häusern in der Hauptstadt keine Lifte haben, da sind wir eingesprungen, denn es hat allgemein geheißen, daß es ein unwürdiger Zustand ist, wenn wir Almosen nehmen müssen, anstatt, daß wir für Arbeit bezahlt werden. Wir haben entdeckt, daß sie die Mülleimer vom höchsten Stockwerk haben heruntertragen müssen, so haben wir das unternommen, es war würdiger.

ZIFFEL
Sie sind sehr witzig. Mit Vergnügen sprechen sie noch heut von einem Finanzminister, dem einzigen, von dem sie etwas für ihr Geld bekommen haben. Sie haben nämlich einen Witz von ihm bekommen. Als eine Kommission bei ihm erschien, um die Kasse zu revidieren, stand er mit Würde auf, schlug mit der Hand auf den Schreibtisch und sagte: Meine Herrn, wenn Sie auf der Revision bestehen, bin ich nicht mehr Finanzminister. Sie sind daraufhin wieder weggegangen und erst nach einem halben Jahr wiedergekommen, wo es sich herausgestellt hat, daß er die lautere Wahrheit gesagt hatte. Sie haben ihn eingesperrt und sein Andenken hochgehalten.

KALLE
Besonders stark hat sich ihr Humor im ersten Weltkrieg entwickelt. Sie sind neutral geblieben und haben gut verkauft. Alles, was so weit geschwommen ist wie bis nach England, haben sie dorthin als Schiff verkauft, das heißt, sie habens nicht eigentlich als Schiff, sondern nur als Schiffsraum bezeichnet, was besser gestimmt hat. Dadurch haben sies zu einem großen nationalen Wohlstand gebracht. Ihre Verluste an Seeleuten waren die höchsten von allen kriegsführenden Mächten.

ZIFFEL
Ja, sie haben dem Krieg eine heitere Seite abgewonnen. Sie haben auch Gulasch verkauft und in die Büchsen alles hineingesteckt, was ihnen zu stark gestunken hat, als daß sies hätten bei sich herumliegen lassen wollen. Als der zweite Weltkrieg ausgebrochen ist, sind sie erwartungsvoll herumgestanden, bis auf den letzten Knopf abgerüstet. Sie haben immer betont: wir sind zu schwach, um uns zu verteidigen, wir müssen Schweine verkaufen. Ein fremder Minister hat es ihnen einmal ausreden wollen und ihnen Mut zugesprochen und eine Jagdgeschichte aus den Steppen erzählt. Ein Adler ist auf einen Hasen herabgestoßen. Der Hase hat nicht mehr weglaufen können oder wollen. Er hat sich auf den Rücken gelegt und dem Adler mit seinen Läufen den Brustkorb eingetrommelt. Die Läufe sind beim Hasen sehr stark, geeignet zum Davonlaufen. Die Dänen haben die Geschichte sehr belacht, wegen ihrer komischen Seite, und haben dem Minister gesagt, sie seien ganz sicher vor den Deutschen, denn wenn die Deutschen Dänemark besetzten, würden sie bald dort keine Schweine mehr kaufen können, da dann die Russen sicher die Futterkuchen nicht mehr schikken würden, die man zum Schweinefüttern braucht. Sie haben sich so sicher gefühlt, daß sie nicht einmal erschrocken sind, wie ihnen die Deutschen einen Nichtangriffspakt vorgeschlagen haben.

KALLE

Sie waren Demokraten und haben darauf bestanden, daß jeder das Recht haben muß, einen Witz zu machen. Sie haben eine sozialdemokratische Regierung gehabt und den Ministerpräsident nur behalten, weil sein Bart so komisch war.

ZIFFEL

Sie waren alle überzeugt, daß der Faschismus bei ihnen nicht geht, weil sie zuviel Humor haben. Sie leben mehr oder weniger vom Schweineverkauf und so haben sie sich mit den Deutschen gutstellen müssen, denn die haben Schweine gebraucht, aber sie haben über sich selber gute Witze gemacht, daß man beim Schweineverkaufen leisetreten muß, weils sonst dem Schwein schadet. Der Faschismus hat sich leider nicht daran gestoßen, daß er in Dänemark nicht ernst genommen worden ist, sondern ist eines Morgens mit einem Dutzend Flugzeugen in der Luft erschienen und hat alles besetzt. Die Dänen haben immer versichert, daß ihr Humor leider nicht übersetzbar ist, weil er aus lauter ganz kleinen sprachlichen Wendungen besteht, die eine eigene Komik haben, das mag auch dazu beigetragen haben, daß die Deutschen nicht gemerkt haben, daß sie nicht ernst genommen werden. Die Dänen haben für ihre Schwein jetzt nur noch Papierzettel bekommen, so daß ihr Humor jedenfalls auf eine schwere Probe gestellt sein wird, denn es ist was anderes, ob man an einen Schweine verkauft, den man verachtet, oder ob man von einem, den man verachtet, nur für ein Schwein nicht bezahlt wird.

KALLE

Aber einen Witz haben sie sich bei der Besetzung doch geleistet. Es war am frühen Morgen, daß die Deutschen gekommen sind, denn die Deutschen sind große Frühaufsteher, weils ihrer Polizei wegen einen unruhigen Schlaf haben. Ein dänisches Bataillon hat von der Besetzung Wind bekommen und hat sich sofort in Marschkolonne in Bewegung gesetzt. Sie sind auf den

Sund zumarschiert, der Dänemark von Schweden trennt, und sind viele Stunden marschiert, bis sie an die Fähre gekommen sind, wo sie Billette genommen haben und nach Schweden übergefahren sind. Drüben haben sie ein Interview gegeben, daß das Bataillon sich Dänemark kampfkräftig erhalten will. Die Schweden haben sie aber zurückgeschickt, solche Bataillone haben sie selber genug.

ZIFFEL
In einem Land leben, wo es keinen Humor gibt, ist unerträglich, aber noch unerträglicher ist es in einem Land, wo man Humor braucht.

KALLE
Wenn meine Mutter nichts gehabt hat, keine Butter, hat sie uns Humor aufs Brot gestrichen. Er schmeckt nicht schlecht, sättigt aber nicht.

ZIFFEL
Bei Humor denk ich immer an den Philosophen Hegel, von dem ich mir in der Bibliothek einiges geholt habe, damit ich Ihnen philosophisch gewachsen bin.

KALLE
Erzählens mir drüber. Ich bin nicht gebildet genug, daß ich ihn selber les.

ZIFFEL
Er hat das Zeug zu einem der größten Humoristen unter den Philosophen gehabt, wie sonst nur noch der Sokrates, der eine ähnliche Methode gehabt hat. Aber er hat anscheinend Pech gehabt und ist in Preußen angestellt worden und so hat er sich dem Staat verschrieben. Ein Augenzwinkern ist ihm aber, soweit ich sehen kann, angeboren gewesen wie ein Geburtsfehler und er hats gehabt bis zu seinem Tod, ohne daß es ihm zum Be-

wußtsein gekommen ist, hat er immerfort mit den Augen gezwinkert, wie ein anderer einen ununterdrückbaren Veitstanz hat. Er hat einen solchen Humor gehabt, daß er sich so etwas wie Ordnung zum Beispiel gar nicht hat denken können ohne Unordnung. Er war sich klar, daß sich unmittelbar in der Nähe der größten Ordnung die größte Unordnung aufhält, er ist so weit gegangen, daß er sogar gesagt hat: an ein und demselben Platz! Unter Staat hat er etwas verstanden, was dort entsteht, wo die schärfsten Gegensätze zwischen den Klassen auftreten, so daß sozusagen die Harmonie des Staats von der Disharmonie der Klassen lebt. Er hat bestritten, daß eins gleich eins ist, nicht nur, indem alles, was existiert, unaufhaltsam und unermüdlich in was anderes übergeht, und zwar in sein Gegenteil, sondern weil überhaupt nichts mit sich selber identisch ist. Wie jeden Humoristen hat ihn besonders interessiert, was aus den Dingen wird, Sie kennen den Berliner Ausruf »Du hast dir aber verändert, Emil!« Die Feigheit der Tapfern und die Tapferkeit der Feigen hat ihn beschäftigt, überhaupt das, daß alles sich widerspricht und besonders das Sprunghafte, Sie verstehen, daß alles ganz ruhig und pomadig vorgeht, und plötzlich kommt der Krach. Die Begriffe haben sich bei ihm immerfort aufm Stuhl geschaukelt, was zunächst einen besonders gemütlichen Eindruck macht, bis er hintüberfällt.

Sein Buch *Die große Logik* habe ich einmal gelesen, wie ich Rheumatismus hatte und mich selbst nicht bewegen konnte. Es ist eines der größten humoristischen Werke der Weltliteratur. Es behandelt die Lebensweise der Begriffe, dieser schlüpfrigen, unstabilen, verantwortungslosen Existenzen; wie sie einander beschimpfen und mit dem Messer bekämpfen und sich dann zusammen zum Abendessen setzen, als sei nichts gewesen. Sie treten sozusagen paarweise auf, jeder ist mit seinem Gegensatz verheiratet und ihre Geschäfte erledigen sie als Paare, das heißt, sie unterschreiben Kontrakte als Paar, führen Prozesse als Paar, veranstalten Überfälle und Einbrüche als Paar, schreiben Bücher und machen eidliche Aussagen als

Paar, und zwar als völlig unter sich zerstrittenes, in jeder Sache uneiniges Paar! Was die Ordnung behauptet hat, bestreitet sofort, in einem Atem womöglich, die Unordnung, ihre unzertrennliche Partnerin. Sie können weder ohne einander leben noch miteinander.

KALLE
Handelt das Buch nur von solchen Begriffen?

ZIFFEL
Die Begriffe, die man sich von was macht, sind sehr wichtig. Sie sind die Griffe, mit denen man die Dinge bewegen kann. Das Buch handelt davon, wie man sich unter die Ursachen der vorgehenden Prozesse einschalten kann. Den Witz einer Sache hat er die Dialektik genannt. Wie alle großen Humoristen hat er alles mit todernstem Gesicht vorgebracht. Wo haben Sie übrigens von ihm gehört?

KALLE
In der Politik.

ZIFFEL
Das ist auch einer von seinen Witzen. Die größten Aufrührer bezeichnen sich als die Schüler des größten Verfechters des Staates. Nebenbei, es spricht für sie, daß sie Humor haben. Ich habe nämlich noch keinen Menschen ohne Humor getroffen, der die Dialektik des Hegel verstanden hat.

KALLE
Wir haben uns sehr interessiert für ihn. Wir haben Auszüge von ihm bekommen. Man muß sich bei ihm an die Auszüg halten wie bei den Krebsen. Er hat uns interessiert, weil wir so viel gesehen haben, was so einen Witz gehabt hat, wie Sie ihn beschreiben. Daß zum Beispiel bei denen von uns, die ausm Volk waren und in die Regierung gegangen sind, so komische Ver-

änderung vorgekommen sind, indem sie in der Regierung nicht mehr ausm Volk, sondern in der Regierung waren. Zum ersten Mal hab ich das Wort 1918 gehört. Da war die Macht von dem Ludendorf so groß wie nie zuvor, er hat seine Nase in alles stecken können, die Disziplin war eisern, alles hat nach 1000 Jahr ausgesehn und grad da warens nur noch Tage und dann hat er eine blaue Brill auf die Nasen gesetzt und ist über die Grenze gegangen, statt einer neuen Armee, wie er geplant gehabt hat. Oder nehmen Sie einen Bauern bei der Landagitation, die wir gemacht haben. Er ist gegen uns gewesen, weil er gesagt hat, wir wollen ihm alles wegnehmen, aber dann haben ihm die Bank und der Gutsbesitzer alles weggenommen. Einer hat mir gesagt: das sind die ärgsten Kommunisten. Wenn das nicht ein Witz ist!

ZIFFEL
Die beste Schul für Dialektik ist die Emigration. Die schärfsten Dialektiker sind die Flüchtlinge. Sie sind Flüchtlinge infolge von Veränderungen und sie studieren nichts als Veränderungen. Aus den kleinsten Anzeichen schließen sie auf die größten Vorkommnisse, das heißt, wenn sie Verstand haben. Wenn ihre Gegner siegen, rechnen sie aus, wieviel der Sieg gekostet hat, und für die Widersprüche haben sie ein feines Auge. Die Dialektik, sie lebe hoch!

Wenn sie nicht befürchtet hätten, daß ein feierliches Aufstehen und Anstoßen im Lokal Aufsehen erregt hätte, wären Ziffel und Kalle unter keinen Umständen sitzen geblieben. Unter diesen Umständen erhoben sie sich nur im Geiste. Bald darauf aber schieden sie voneinander und entfernten sich, jeder an seine Statt.

11 Schweden oder die Nächstenliebe / Ein Fall von Asthma

ZIFFEL
Die Nazis sagen »Gemeinnutz geht vor Eigennutz«. Das ist Kommunismus, und ich sags der Mamma.

KALLE
Sie reden wieder gegen besseres Wissen, weils bei mir gegen den Strom schwimmen wollen. Der Satz bedeutet nur, daß der Staat vor dem Untertan kommt, und der Staat sind die Nazis, basta. Der Staat vertritt die Allgemeinheit, indem er alle besteuert, herumkommandiert, am gegenseitigen Verkehr hindert und in den Krieg treibt.

ZIFFEL
Das ist eine Übertreibung, die mir gefällt. Ohne Übertreibung könnt man sagen, der Satz konstituiert tatsächlich einen unüberbrückbaren Gegensatz zwischen dem Nutz des einzelnen und dem Nutz der Allgemeinheit. Das ist es wohl, was Ihre Verachtung hervorruft. Auch ich würd sagen, in einem Land, wo der Egoismus grundsätzlich diffamiert wird, ist was faul.

KALLE
In einer Demokratie, wie wir sie kennen ...

ZIFFEL
Sie brauchen das »wie wir sie kennen« nicht.

KALLE
Also in einer Demokratie heißt es für gewöhnlich, es muß ein Ausgleich geschaffen werden zwischen dem Egoismus derer, die was haben, und derer, die nichts haben. Das ist offenbarer Unsinn. Einem Kapitalisten Egoismus vorwerfen heißt ihm

vorwerfen, daß er ein Kapitalist ist. Einen Nutz hat überhaupt nur er, da es ein Ausnutz ist. Die Arbeiter können doch den Kapitalisten nicht ausnutzen. Der Satz »Gemeinnutz geht vor Eigennutz« müßt heißen »Wenns ums Ausnutzen geht, darf nicht einer einen andern oder alle ausnutzen, sondern alle müssen ...« und jetzt sagen Sie mir gefälligst, *was* ausnutzen?

ZIFFEL

In Ihnen steckt ein Logistiker und Semantiker, nehmen Sie sich in acht. Es genügt völlig, wenn Sie sagen, ein Gemeinwesen muß so eingerichtet werden, daß, was dem einzelnen nützt, allen nützt. Dann muß der Egoismus nicht mehr beschimpft werden, sondern kann sogar öffentlich belobt und gefördert werden.

KALLE

Das kann nur da geschehen, wo ein Nutzen für den einzelnen nicht mehr nur entsteht, wo ein Mangel bei vielen geduldet oder geschaffen wird.

ZIFFEL

Nach Dänemark hab ich Schweden aufgesucht. Das ist ein Land, wo die Liebe zum Menschen stark entwickelt ist und auch die Liebe zum Beruf in einer höheren Bedeutung. Der interessanteste Fall von Liebe zum Beruf ist dort bei einem Menschen vorgekommen, der kein Schwede war. Das macht aber nichts für die Theorie, denn seine Liebe zum Beruf ist grad in Schweden besonders ausgebildet und auf die Probe gestellt worden. Die Geschichte ist einem Biologen passiert und ich hab ihn gebeten, sie mir sachlich aufzunotieren. Wenn Sie wollen, les ich sie vor.

(Er liest vor)

Mit Hilfe einiger nordländischer Wissenschaftler, die mich mitunter in meinem Institut besucht oder Arbeiten von mir in ihren Zeitschriften veröffentlicht hatten, bekam ich die Genehmigung zu einem Aufenthalt in Nordland. Das einzige, was von mir verlangt wurde, war, daß ich unter keinen Umständen in Nordland irgendeine wissenschaftliche oder andere Arbeit verrichten würde. Mit einem Seufzer unterschrieb ich diese Bedingung, betrübt, daß ich meinen Freunden in Nordland nun nicht mehr wie dereinst behilflich sein durfte. Jedoch verstand ich, daß ich, der ihre Freundschaft durch wissenschaftliche Tätigkeit gewonnen hatte, sie mir nunmehr nur durch die Aufgabe dieser Tätigkeit erhalten konnte. Denn es mochte zwar in Nordland nicht zu viele Physiker für die Physik geben, es gab aber nicht genug Institute für die Physiker. Sie wollten leben.

Die Unannehmlichkeit für mich bestand darin, daß ich mir so meinen Unterhalt nicht verdienen konnte und also auf die Güte meiner Kollegen angewiesen war. Sie mußten sich bemühen, mir dafür, daß ich nichts leistete, Stipendien zu verschaffen. Sie taten, was sie konnten, so daß ich nicht hungerte.

Leider fiel ich bald nach meiner Ankunft in Nordland in eine schwere Krankheit. Ein bösartiges Asthma quälte mich so, daß ich bald ganz erschöpft war und ein schneller Kräfteverfall einsetzte. Ich schleppte mich mühsam, ein gebrechliches Gestell aus Haut und Knochen, von Arzt zu Arzt, aber keiner konnte mir Erleichterung verschaffen.

Da hörte ich, als ich schon am Ende meiner Kräfte angelangt war, daß sich in der Stadt ein ehemals berühmter Arzt aufhielt, der gerade für Asthma eine neue, sehr wirksame Behandlung gefunden und ausgebildet hatte. Er war sogar ein Landsmann von mir. Ich kroch zu ihm und klagte ihm, geschüttelt von Hustenanfällen, mein Leid.

Er hauste in einem sehr kleinen Zimmer im Hinterhaus und der Stuhl, auf den ich gesunken war, war der einzige, den es gab, so daß er stehen mußte. Gelehnt an eine wacklige Kommode, auf der die Reste einer kümmerlichen Abendmahlzeit standen – ich hatte ihn im Essen unterbrochen –, begann er mich auszufragen.

Seine Fragen setzten mich in Erstaunen. Sie betrafen nicht, wie ich erwarten mußte, meine Krankheit, sondern ganz andere Dinge, meine Beziehungen und Bekanntschaften, Anschauungen und Steckenpferde und so weiter. Als wir uns etwa eine Viertelstunde unterhalten hatten, brach er plötzlich ab und gestand mir lächelnd, auf was es ihm bei seiner seltsamen Ordination angekommen war.

Er wollte sich nicht meines physischen Zustands, sondern meines Charakters versichern, sagte er mir. Genau wie ich selbst hatte er, um Aufenthaltserlaubnis in Nordland zu bekommen, unterschrieben, daß er seinen Beruf nicht ausüben würde. Wenn er mich ärztlich behandelte, riskierte er, aus dem Land verwiesen zu werden. Er mußte, bevor er mich untersuchte, herausbringen, ob ich ein anständiger Mensch war, der nicht ausplaudern würde, daß er mir geholfen hatte.

Ich versicherte ihm ernsthaft, von Husten unterbrochen, daß für mich ein guter Dienst einen andern wert sei und daß ich ihm versprechen könnte, es sogleich zu vergessen, wenn er mich geheilt haben würde. Er schien ungemein erleichtert und bestellte mich in eine Klinik, in der er unbezahlten Assistenzdienst machen durfte.

Der Abteilungsarzt war ein vernünftiger Mann und ließ dem Spezialisten freie Hand in gewissen Fällen. Leider hatten wir das Mißgeschick, daß er schon am nächsten Morgen auf Urlaub ging. So mußte X seinem Stellvertreter den Fall vortragen, einem Menschen, den er nicht kannte. Er bekam den Bescheid, daß er den Patienten kommen lassen konnte.

Ich war vor der Zeit da und unterhielt mich mit X in einem kleinen Ärztezimmer der Klinik.

»Ich werde nicht zur Praxis zugelassen«, sagte X, »weil die Ärzteschaft sich gegen die Konkurrenz schützen muß. Sie stützt sich auf ein Gesetz, das einmal gegen die Kurpfuscherei erlassen wurde. Es liegt natürlich im Interesse der Patienten, daß nicht Leute, die keine Ahnung haben, sie behandeln.«

Als wir in den Operationssaal traten, war der stellvertretende Arzt schon da. Merkwürdigerweise war er dabei, sich eben die Hände zu desinfizieren.

Er war ein lustiger und lauter Mann und sagte, sich die Hände bürstend und den kleinen, kahlen Kopf zu mir herumdrehend:

»So, da wollen wir also mal die neue Methode Ihres Freundes probieren. Nützts nichts, dann schadets auch nichts. Ich bin immer dafür gewesen, daß neue Sachen gründlich ausprobiert werden.«

»Ich dachte, ich könnte Ihnen die kleine Operation abnehmen«, sagte X, bemüht, seinen Schrecken zu verbergen. »Sie wissen, ich habe das hundertemal gemacht.«

»Wo denken Sie hin?« rief der Stellvertreter. »Das machen wir schon. Ich habe Sie gut verstanden. Sie können mir ja den Punkt bezeichnen, wenn Sie wirklich nervös sind. Und haben Sie«, wandte er sich zu mir, »keine Angst, ich werde natürlich keine Rechnung schreiben. Ich weiß, Sie sind Emigrant!«

Und keine Andeutung von X, so dringend sie wurde, und nicht mein furchtsamer Blick hielt ihn ab, sein Bestes zu tun.

Es war nicht sehr gut. Er fand den Punkt in meiner Nase nicht und meine Anfälle nahmen nicht ab. Dagegen schwollen die Schleimhäute durch die verunglückte Operation an und X konnte, auch als der Abteilungsarzt aus dem Urlaub zurückkam, zunächst nichts machen. Erst eine ganze Woche später war es ihm möglich, die Behandlung anzufangen.

Daraufhin besserte sich mein Zustand auf wunderbare Weise. X behandelte mich alle paar Tage und es gab keinen Anfall mehr. Ich saß auf dem Fensterbrett meines Zimmers und spielte die Mundharmonika, was ich seit langer Zeit nicht mehr gekonnt hatte. Schon der Gedanke daran hätte mir noch vor zwei Wochen einen entsetzlichen Hustenanfall erzeugt.

Aber dann kam ich eines Tages in die Klinik und fand X nicht vor. »Der Doktor arbeitet nicht mehr hier«, sagte die Schwester kalt und ging ins Zimmer des Abteilungsarztes.

Ich suchte X auf. Es war gegen Mittag, aber er lag noch zu Bett. Das verwunderte mich sehr, da er ein sehr ordentlicher und lebhafter Mann war. Denn er war nicht krank.

»Ich spare so Kohlen«, entschuldigte er sich, »und ich wüßte nicht, was ich tun sollte, wenn ich aufstünde.«

Es stellte sich heraus, daß ein Zahnarzt, der ihn in der Klinik gesehen hatte, an die Behörden geschrieben und ihn unerlaubter Tätigkeit wegen angezeigt hatte. Die Klinik mußte ihn entlassen. Er durfte sie nicht mehr betreten.

»Ich kann nichts mehr machen«, sagte er zögernd und mit leiser Stimme. »Ich muß damit rechnen, daß man mich jetzt überwacht, und ich kann ausgewiesen werden.« Er sah mich nicht an dabei und ich blieb noch einige Minuten, auf dem einzigen Stuhl sitzend und eine lahme, künstliche Konversation führend.

Zwei Tage später hatte ich wieder einen Anfall. Es war in der Nacht und ich war besorgt, daß meine Zimmerwirte durch mein qualvolles Husten gestört wurden. Ich bezahlte weniger als die reguläre Miete.

Am nächsten Vormittag, ich hatte zwei weitere Anfälle hinter mir und saß keuchend am Fenster, klopfte es und X trat herein.

»Sie brauchen nichts zu sagen«, sagte er schnell, »ich sehe selbst. Es ist eine Schande. Ich habe eine Art Instrument mitgebracht, und wenn Sie die Zähne zusammenbeißen, denn betäuben kann ich nicht, will ich einen Versuch unternehmen.«

Er zog aus der Tasche ein Zigarrenetui und kramte aus einer Watteschicht eine Pinzette heraus, die er sich zurechtgebogen hatte. Ich saß auf meinem Bett und hielt selbst die Schreibtischlampe für ihn, während er mir den Nerv ätzte.

Aber als er wegging, hielt ihn auf dem Flur meine Vermieterin auf und fragte ihn, ob er nicht ihrer kleinen Tochter in den Hals schauen könnte. Sie wußten also, daß er Arzt war. Die Behandlung konnte nicht mehr in meinem Zimmer stattfinden.

Das war sehr schlimm, denn weder ich noch X wußten einen sicheren Ort. Die nächsten zwei Tage, in denen ich mich Gott sei Dank besser fühlte, hatten wir mehrere Besprechungen, und am Abend des zweiten teilte X mir mit, daß er einen Ort gefunden habe. Er sprach energisch wie immer, ganz der große Arzt (der er weiß Gott war) und ohne auch nur mit einem Wort die Gefahr erwähnend, in die er sich, mich behandelnd, begab.

Der sichere Ort war die Toilette eines großen Hotels in der Nähe des Bahnhofs. Auf dem Wege hin warf ich einen Seitenblick auf X und das Absonderliche des Vorgangs kam mir zum Bewußtsein. Er ging, verhältnismäßig hochgewachsen und stattlich, in einem teuren Pelzmantel, den er aus dem Schiffbruch gerettet haben mußte, und niemand hätte ihm angesehen, daß er nicht in seine Klinik oder zu einer seiner berühmten Vorlesungen ging, sondern in die Toilette eines Hotels, die er zu seinem Operationssaal ausersehen hatte.

Die Lokalität war tatsächlich um diese Stunde völlig menschenleer, hatte auch keine Bedienung und lag im Keller, so daß man die Schritte sich nähernder Leute, lange bevor sie eintreten konnten, hören mußte. Nur die Beleuchtung war sehr schwach.

X stellte sich so, daß er die Eingangstür überblicken konnte. Seine zauberhafte Geschicklichkeit überwand das trübe Licht des Raums und siegte über die Armseligkeit des mühsam zurechtgebogenen Werkzeugs, und während mir bei dem überaus heftigen Schmerz die Tränen in die Augen traten, dachte ich doch an den ungeheuren Triumph, den die Wissenschaft in unserem Jahrhundert erkämpft hatte.

Plötzlich ertönte hinter X eine Stimme in nordischer Sprache:

»Was machen Sie hier?«

Ein dicker Mann, ziemlich gewöhnlich aussehend, eine graue Pelzmütze auf dem Kopf, war aus einem der kleinen, weißbetürten Toilettenräume getreten und blickte mißtrauisch blinzelnd auf uns, während er noch seine Kleidung ordnete.

Ich spürte, wie Xens Körper förmlich erstarrte, aber seine Hand zitterte keinen Augenblick. Mit einer leichten und sicheren Bewegung zog er die Pinzette aus meiner schmerzenden Nase. Erst dann drehte er sich nach dem fremden Mann um.

Dieser rührte sich nicht vom Platz, wiederholte auch seine Frage nicht.

Auch X sprach nicht, er murmelte nur Unverständliches, während er hastig die Pinzette in die Rocktasche steckte, als sei sie ein Dolch, mit dem er mich hatte ermorden wollen. Seinem wissenschaftlichen Gewissen mußte es als der am meisten inkriminierende Teil der ganzen illegalen Aktion erscheinen, daß er sie mit einem so jämmerlichen und unprofessionellen Instrument ausführte. Mit einer unsicheren Geste – nun zitterten seine Hände doch – nahm er seinen schweren Pelzmantel vom Kachelboden auf, warf ihn, jetzt tief erblaßt, über den Arm und schob mich der Tür zu.

Ich sah mich nicht um. Es kam kein Laut aus der Richtung des Dicken. Wahrscheinlich starrte er uns nur entgeistert nach, aus unserem scheuen Benehmen ersehend, daß er irgendeinen ungesetzlichen Vorgang unterbrochen hatte, vielleicht auch erleichtert, daß wir nicht gegen ihn Front gemacht hatten. Schließlich waren wir zu zweit.

Wir gingen, ohne aufgehalten zu werden, durch die Halle des Hotels, dann, die Köpfe über das Kinn in unsere Mäntel vergraben, die Straße entlang und trennten uns, ohne viel Worte, an der ersten Straßenecke.

X war schon über fünf Schritte von mir entfernt, als ich von einem wahren Wirbelsturm von Husten überfallen wurde, der mich an die Häuserwand warf. Ich sah noch, wie sich X im Gehen nach mir umblickte, sein Gesicht schien mir verzerrt. Ich glaube, daß ich mir an diesem Abend die Erkältung holte, die mich für drei Wochen auf das Lager warf. Sie kostete mich beinahe das Leben, aber danach war mein Asthma verschwunden.

KALLE
Ich kann mir denken, daß dieser X ein wenig erstaunt gewesen sein dürfte, wie er im Ausland gemerkt hat, daß Patienten eigentlich Kunden sind.

ZIFFEL
Diese Seite der Wissenschaft bleibt den Wissenschaftlern als Wissenschaftlern leicht verborgen, sie kennen sie nur als Berufsmenschen. Der Mann, der über die jonischen Philosophen liest, hat nicht das Gefühl, daß er da ebenso was verkauft wie ein Kolonialwarenhändler.

KALLE
Seine Schüler sind Kunden. Sogar der Kranke, der die letzte Ölung von einem Pfarrer bekommt, ist sein Kunde. Es handelt sich um Kundendienst. Die Geschichte paßt in Ihre Sammlung von Fällen. Warum, es ist unheimlich, in einem Land sein, wo Sie davon abhängen, ob einer soviel Nächstenliebe aufbringt, daß er Ihretwegen seine eigenen Interessen aufs Spiel setzt. Sie sind sicherer in einem Land, wos keine Nächstenliebe braucht, damit Sie kuriert werden.

ZIFFEL
Wenn Sie zahlen können, sind Sie nirgends auf Nächstenliebe angewiesen.

KALLE
Ja, wenn.

Bald darauf schieden sie voneinander und entfernten sich, jeder an seine Statt.

12 Lappland oder Selbstbeherrschung und Tapferkeit / Ungeziefer

Ziffel und Kalle beschnüffelten das Land, Kalle, indem er als Handelsreisender für Büroartikel die Nase bald hierhin, bald dorthin steckte, Ziffel, indem ihm als Verwendung suchendem Chemiker bald hier, bald dort zu nahe getreten wurde. Mitunter trafen sie sich im Bahnhofsrestaurant der Hauptstadt, einem Lokal, das ihnen beiden wegen seiner Ungemütlichkeit liebgeworden war. Sie tauschten bei einem Glas Bier, das kein Bier war, und einer Tasse Kaffee, der kein Kaffee war, ihre Erfahrungen aus.

ZIFFEL
Caesar beschrieb Gallien. Er kannte es als das Land, wo er die Gallier geschlagen hatte. Ziffel, beschreibe G., Du kennst es als das Land, wo Du geschlagen wurdest! Ich krieg keine Stellung hier.

KALLE
Das ist eine große Eröffnung, wie ich sie von Ihnen erwart. Mehr braucht gar nicht zu kommen, Sie können sich also beruhigen; ich weiß, Sie haben nichts gesehn.

ZIFFEL
Ich hab genug gesehn, um zu wissen, es ist ein Land, das bedeutende Tugenden ausbildet. Zum Beispiel die Selbstbeherrschung. Es ist ein Paradies für die Stoiker, Sie werden schon was von stoischer Ruhe gelesen haben, mit der diese antiken Philosophen Ungemach aller Art aufgenommen haben sollen. Es heißt: Wer andere beherrschen will, muß lernen, sich selber zu beherrschen. Aber es müßt heißen: Wer andere beherrschen will, muß ihnen lehren, sich selbst zu beherrschen. Die Leut in diesem Land werden also nicht nur von den Gutsbesitzern und

Fabrikanten beherrscht, sondern auch von sich selber, was Demokratie genannt wird. Das erste Gebot der Selbstbeherrschung heißt: das Maul halten. In der Demokratie kommt dazu die Redefreiheit und der Ausgleich wird dadurch geschaffen, daß es verboten ist, sie zu mißbrauchen, indem man redet. Haben Sie das verstanden?

KALLE
Nein.

ZIFFEL
Das macht nichts. Es ist nur in der Theorie schwer, in der Praxis ist es ganz einfach. Es darf alles besprochen werden, was nicht zu den militärischen Angelegenheiten gehört. Darüber, was militärische Angelegenheiten sind, bestimmt das Militär, das ja hier Fachkenntnisse besitzt. Das Militär hat die größte Verantwortung. Infolgedessen hat es auch das größte Verantwortlichkeitsgefühl und kümmert sich um alles. So werden alle Angelegenheiten militärische Angelegenheiten und dürfen nicht besprochen werden.

KALLE
Sie haben einen Reichstag. In der X-Straße wohnt eine Frau mit fünf Kindern, eine Witwe, die sich mit Waschen durchbringt. Sie hat gehört, daß Reichstagswahl ist, und ist zum Distrikt gegangen, wo die Listen ausgelegen sind, hat ihren Namen aber nicht drin gefunden. Sie hat Krach machen wollen, weil sie geglaubt hat, sie wird betrogen, man hat ihr aber gezeigt, daß der Reichstag ein Gesetz gemacht hat, nach dem solche Leut, die vom Staat Unterstützung bekommen haben, nicht wählen dürfen. Sie hat hauptsächlich wählen wollen, weil die Unterstützung so winzig war und weil sie überhaupt keine Unterstützung hat haben wollen, sondern anständige Bezahlung, wenn sie den ganzen Tag arbeitet, und sie soll hinausgegangen sein mit dem Ausspruch: Zum Teufel mit eurem

Reichstag! Die Polizisten haben ein Auge zugedrückt und es ist ihr nichts passiert, heißt es.

ZIFFEL

Das überrascht mich, daß sie sich nicht hat beherrschen können.

KALLE

Es ist auch gefährlich. Besonders, wenns alle können und einer nicht. Wenns alle nicht können, ists was anderes, dann ists gar nicht nötig. Das ist wie mit den Sitten und Gebräuchen überhaupt. Wenns wo Sitte ist, daß man einen roten Strohhut im Winter trägt, könnens ruhig einen roten Strohhut im Winter tragen. Wenn sich in einem Land keiner beherrschen kann, ists überflüssig.

ZIFFEL

Es gibt eine Geschichte, an die ich in den letzten Tagen erinnert worden bin. Ein Mann kommt an den Fluß, wo eben eine Fähre mit Leuten abgeht. Er ist in Eile und springt hinüber. Man macht ihm Platz, wiewohl die Leut schon dicht gedrängt stehn, und es wird nichts gesprochen, bis die Fähre am andern Ufer ist. Wo die Fähre hält, wartet eine Handvoll Soldaten, die nehmen die Passagiere in Empfang und treiben sie, das ganze Schock, an eine Mauer. Dort werden sie aufgestellt, die Soldaten laden ihre Gewehre, stellen sich in Position und auf das Kommando »Feuer« wird der erste erschossen. Dann, nach der Reih, kommen die übrigen dran, bis nur noch der Mann dasteht, der am Schluß auf die Fähre aufgesprungen ist. Der Offizier will gerad das Kommando »Feuer« geben, da tritt ein Schreiber dazwischen und vergleicht auf einer Liste die Zahl mit der Zahl derer, die schon erschossen sind. Er findet heraus, daß sie einen zuviel haben, und der Mann wird verhört, warum er mitgegangen ist und nichts gesagt hat, wie man Anstalten getroffen hat, ihn zu erschießen. Was ist herausgekommen? Er hat drei Brüder und eine Schwester gehabt. Der erste ist erschossen worden, weil er gesagt hat, er will nicht zum Militär. Der zweite ist aufgehängt worden, weil er gesagt hat, er hat gesehn, wie ein Beamter was gestohlen hat, und der dritte, weil er gesagt hat, er hat gesehen, wie sie seinen zweiten Bruder erschossen haben. Und die Schwester ist erschossen worden, weil sie was gesagt hat, was man nicht erfahren hat, weils zu gefährlich war. Daraus, erzählt er dem Offizier, hat er den Schluß gezogen, daß Reden gefährlich ist. Er hat alles ganz ruhig erzählt, aber zum Schluß ist ihm die Galle übergelaufen beim Gedanken an die Untaten und er hat noch was hinzugefügt und so habens ihn erschießen müssen. Das könnt in G. passiert sein.

KALLE
Ich hör allgemein, es ist ein sehr schweigsames Volk. Das gilt als eine Nationaleigentümlichkeit. Da es eine gemischte Bevölkerung mit zwei Sprachen ist, könnt man also sagen: Das Volk schweigt in zwei Sprachen.

ZIFFEL
Das könnt man sagen. Aber nicht laut.

Bevor sie die Sitzung aufhoben, machte Kalle einen geschäftlichen Vorschlag. Er hatte auf seinen Streifzügen herausgefunden, daß die Stadt viel von Wanzen zu leiden hatte. Merkwürdigerweise gab es keine Anstalten, welche die Wanzen vertilgten. Mit einem kleinen Kapital konnte man eine solche gründen. Ziffel versprach, sich den Vorschlag zu überlegen. Er zweifelte ein wenig daran, daß die Bevölkerung leicht dazu gebracht werden könnte, gegen das Ungeziefer etwas zu unternehmen. Sie verfügte über zuviel Selbstbeherrschung. So gingen die beiden unschlüssig und entfernten sich, jeder an seine Statt.

12 Über Demokratie /
Über das eigentümliche Wort »Volk« /
Über die Unfreiheit unter dem Kommunismus /
Über die Furcht vor dem Chaos und dem Denken

Als sie sich wieder trafen, schlug Kalle vor, das Lokal zu wechseln. Ein Automatenrestaurant, weniger als zehn Minuten entfernt, schien ihm besseren Kaffee auszuschenken. Der Dicke sah unglücklich aus und schien sich von einem Wechsel der Umgebung nichts zu erwarten. So blieben sie.

ZIFFEL
Demokratie zu zweit ist sehr schwierig. Wir müßten die Abstimmung auf Pfunde einstellen, damit ich eine Mehrheit kriegen könnte. Es wäre zu rechtfertigen, denn mein Hintern hängt von mir ab, wir können also annehmen, daß ich ihn dazu bringen könnte, mit mir zu stimmen.

KALLE
Sie schaun im ganzen demokratisch aus, ich glaub, es kommt davon, daß Sie beleibt sind, und das wirkt schon an und für sich verträglich. Unter demokratisch versteht man etwas Freundliches, das heißt, wenns bei einem besseren Herrn gesehn wird, bei einem Hungerleider ists eher unverschämt. Ein Bekannter von mir, ein Kellner, hat sich sehr über einen reichen Weizenhändler beklagt, der nie ein anständiges Trinkgeld gegeben hat, weil er, wie er laut zu einem andern Gast geäußert hat, als echter Demokrat den Kellner nicht hat demütigen wollen. »Ich ließe mir auch kein Trinkgeld anbieten«, hat er gesagt, »und soll ich ihn als geringer ansehen?«

ZIFFEL
Ich glaub nicht, daß man von demokratisch als von einer Eigenschaft reden kann.

KALLE
Warum nicht? Wenn ich find, daß zum Beispiel auch Hunde, wenn sie gut gefressen haben, ehr demokratisch ausschaun als wenn nicht? Das Ausschaun *muß* eine Bedeutung haben, ich denk, es ist die Hauptsache, nehmen Sie Finnland. Es schaut demokratisch aus; wenn Sie das Ausschaun wegnehmen und sagen, darauf pfeifen Sie, was bleibt dann übrig? Bestimmt keine Demokratie.

ZIFFEL
Ich hab den Eindruck, wir gehen doch besser in Ihr Automatenkaffee.

Ziffel stand ächzend auf und langte nach seinem Paletot. Aber Kalle hielt ihn zurück.

KALLE
Werdens nicht schwach, das ist der Fehler bei allen Demokratien. Sie können nicht bestreiten, daß Deutschland absolut demokratisch ausgeschaut hat, bis es faschistisch ausgeschaut hat. Dem Gastwirt Ebert haben die besiegten Generäle eine eigene lange Leitung ins Große Hauptquartier bewilligt, damit er hat telefonieren können, wenn das Volk unruhig geworden ist. Die Ministerialräte und die hohen Richter haben mit ihm konferiert, als obs das Natürlichste von der Welt wär, und wenn sich ab und zu einer die Nase zugehalten hat, ist das nur ein schlagender Beweis gewesen, daß sie nicht mehr hingehen konnten, wo sie wollten, sondern zum Gastwirt Ebert haben gehen müssen, sonst wars aus mit den Posten und Pensionen. Ich hab gehört, daß einer von den Ruhrindustriellen, ein bekannter Alldeutscher, sich einmal zu sträuben gewagt hat. Da hat der Gastwirt ihn höflich, aber bestimmt gebeten, sich auf einen Stuhl zu setzen, und dann hat er sich von zwei Sozialdemokraten hochheben lassen und hat dem Industriellen den Fuß auf den Nacken gesetzt. Die Herren haben eingesehen,

daß sie eine Volksbewegung hinter sich brauchen, sonst gehts nicht. Ein paar geschickte Operationen haben da zum Ziel geführt. Zuerst haben sie durch die Inflation den Mittelstand geschröpft, daß er ruiniert war. Die Bauern sind durch Tarif- und Zollpolitik zugunsten der ostelbischen Junker ruiniert worden. Von den ausländischen Banken haben sich die Herrn Milliarden gepumpt und ihre Fabriken so durchrationalisiert, daß sie mit viel weniger Arbeitern ausgekommen sind, und so ist ein großer Teil der Arbeiterschaft in eine Bettelschaft verwandelt worden. Aus den ruinierten Mittelständlern, Bauern und Arbeitern haben sie dann die nationalsozialistische Volksbewegung gebildet, mit der sie bequem einen neuen Weltkrieg anzetteln haben können. Alles ist gegangen, ohne daß die innere Ordnung gestört worden ist. Sie ist garantiert worden durch die neue Armee von bezahlten Soldaten, die ihnen die Alliierten von Anfang an gegen den inneren Feind erlaubt haben.

ZIFFEL

Es war dennoch eine Demokratie, wenn auch die Demokraten zu gutmütig waren. Sie haben nicht verstanden, was Demokratie heißt, ich meine in der wörtlichen Übersetzung. Volksherrschaft.

KALLE

Das Wort »Volk« ist ein eigentümliches Wort, ist Ihnen das schon aufgefallen? Es hat eine ganz andere Bedeutung nach außen als nach innen. Nach außen, nach den andern Völkern hin, gehören die Großindustriellen, Junker, höheren Beamten, Generäle, Bischöfe und so weiter natürlich zum deutschen Volk, zu keinem andern. Aber nach innen hin, wo es sich also um die Herrschaft handelt, werden Sie diese Herrn immer vom Volk reden hören als von »der Masse« oder »den kleinen Leuten« und so weiter; sie selber gehören nicht dazu. Das Volk tät besser, auch so zu reden, nämlich daß die Herren nicht dazugehören. Dann bekäme das Wort »Volksherrschaft« einen ganz vernünftigen Sinn, das müssen Sie zugeben.

ZIFFEL
Das wär aber dann keine demokratische Volksherrschaft, sondern eine diktatorische.

KALLE
Das ist richtig, es wär eine Diktatur der 999 über den Tausendsten.

ZIFFEL
Das wäre alles ganz schön und recht, wenn es nicht den Kommunismus bedeuten würde. Sie werden mir zugeben, daß der Kommunismus die Freiheit des Individuums vernichtet.

KALLE
Fühlen Sie sich besonders frei?

ZIFFEL
Nicht besonders, wenn Sie mich so fragen. Aber warum soll ich die Unfreiheit im Kapitalismus mit der Unfreiheit im Kommunismus eintauschen? Die letztere scheinen Sie ja immerhin zuzugeben.

KALLE
Ohne weiteres. Ich versprech da nichts. Absolut frei ist niemand, der die Herrschaft hat, auch das Volk nicht. Die Kapitalisten sind auch nicht absolut frei, wo denken Sie hin? Sie sind zum Beispiel nicht so frei, daß sie einen Kommunisten zum Präsidenten einsetzen können. Oder daß sie soviel Anzüge herstellen können, als gebraucht werden, nur soviel, als gekauft werden können. Im Kommunismus wiederum ist es Ihnen verboten, sich ausbeuten zu lassen, diese Freiheit ist schon gestrichen.

ZIFFEL

Ich werd Ihnen was sagen: Die Herrschaft ergreift das Volk nur im äußersten Notfall. Es hängt damit zusammen, daß der Mensch überhaupt nur im äußersten Notfall denkt. Nur mit dem Wasser am Hals. Die Leute fürchten das Chaos.

KALLE

Aus Furcht vor dem Chaos werden sie am End in Kellern unter gebombten Häusern hocken, SS-Leute mit Revolvern hinter sich.

ZIFFEL

Sie werden nichts im Magen haben und nicht hinausgehen können, ihre Kinder zu begraben, aber es wird Ordnung herrschen und sie werden fast gar nicht zu denken brauchen.

Ziffel richtete sich auf. Sein Interesse, während Kalles politischen Ausführungen etwas ermattet, belebte sich wieder.

ZIFFEL

Nicht, daß der falsche Eindruck bei Ihnen entsteht, ich kritisiere die Leute, ganz im Gegenteil. Scharfes Denken ist schmerzhaft. Der vernünftige Mensch vermeidet es, wo er kann. In Ländern, wo es in solchem Umfang nötig ist wie in den mir bekannten, kann man wirklich einfach nicht leben. Nicht, was ich leben heiße.

Bekümmert leerte er sein Glas. Bald darauf schieden sie voneinander und entfernten sich, jeder an seine Statt.

13 Das Denken als ein Genuss / Über Genüsse / Wortkritik / Das Bürgertum hat keinen Sinn für Geschichte

KALLE
Es interessiert mich, daß ich bei Ihnen, einem Intellektuellen, so eine Antipathie gegen das Denkenmüssen entdeck. Dabei haben Sie nichts gegen Ihren Beruf, im Gegenteil.

ZIFFEL
Außer, daß es ein Beruf ist.

KALLE
Das ist die moderne Entwicklung. Es ist eine ganze Kaste geschaffen worden, eben die Intellektuellen, die das Denken besorgen müssen und dafür eigens trainiert werden. Sie müssen ihren Kopf ausvermieten an die Unternehmer wie wir unsere Hände. Natürlich haben Sie den Eindruck, daß Sie für die Allgemeinheit denken; aber das ist, wie wenn wir meinen würden, daß wir für die Allgemeinheit Autos bauen – was wir nicht meinen, weil wir wissen, es ist für die Unternehmer, und zum Teufel mit der Allgemeinheit!

ZIFFEL
Sie meinen, ich denk an mich selber nur, indem ich denk, wie ich verkaufen kann, was ich denk, und was ich denk, ist nicht für mich, das heißt für die Allgemeinheit?

KALLE
Ja.

ZIFFEL
Ich hab gelesen, daß bei den Amerikanern, wo die Entwicklung weiter voran ist, Gedanken allgemein als Waren erkannt

worden sind. In einer führenden Zeitung hat gestanden: »Die Hauptaufgabe des Präsidenten ist es, dem Kongreß und dem Land den Krieg zu verkaufen.« Gemeint war die Idee, in den Krieg einzutreten. In Diskussionen über wissenschaftliche oder künstlerische Probleme sagt man, wenn man seine Zustimmung ausdrücken möchte: Sie, das kauf ich. Das Wort überzeugen ist einfach durch das treffendere Wort verkaufen ersetzt.

KALLE
Und unter diesen Umständen könnens leicht eine Aversion gegen das Denken kriegen. Es ist kein Genuß.

ZIFFEL
Jedenfalls stimmen wir ein darüber, daß Genußsucht eine der größten Tugenden ist. Wo sie es schwer hat oder gar verlästert wird, ist etwas faul.

KALLE
Der Genuß am Denken ist, wie gesagt, weitgehend ruiniert. Die Genüsse sinds überhaupt. Erstens sind sie teuer. Sie zahlen für einen Blick auf die Landschaft, eine schöne Aussicht ist eine Goldgrube. Sie zahlen sogar fürs Scheißen, indem Sie einen Abort mieten müssen. Ich hab in Stockholm einen gekannt, der regelmäßig mich besucht hat, ich hab gedacht, wegen meiner Unterhaltung, es war aber wegen meinem Abort, seiner war abschreckend.

ZIFFEL
Der französische Dichter Villon hat ein Beschwerdelied darüber geschrieben, daß er sich nicht anständig nähren kann, weil er dadurch unfähig zur Liebe wird. An den Genuß beim Essen hat er schon gar nicht mehr gedacht.

KALLE

Oder das Geschenkmachen. Von der Gastfreundschaft bis zum Aussuchen von einem Taschenmesser für den Kleinen. Oder gehen Sie ins Kino. Da soll Ihnen Spaß machen, was den Leuten, die den Film gemacht haben, keinen Spaß gemacht hat. Aber das Entscheidende ist: das Genußleben ist vollständig getrennt vom übrigen Leben. Es ist nur zur Erholung, damit Sie wieder tun können, was kein Genuß ist. Sie kriegen überhaupt nur das bezahlt, was Ihnen keinen Genuß bereitet. Eine Prostituierte hat sich einmal mir gegenüber beschwert, daß ihr ein Freier nichts hat zahlen wollen, weil sie einmal unbedacht wollüstig geseufzt hat. Sie hat mich gefragt, wie das im Kommunismus ist. Aber wir sind von unserm Thema abgeschweift.

ZIFFEL

Das kann ich nur begrüßen. Wir sind nicht angestellt, was herauszubringen. Wir müssen also nicht nur Hüte herstellen oder nur Zigarrenanzünder. Wir können denken, was wir denken wollen, beziehungsweise, was wir denken können. Unsere Gedanken sind wie Freibier. Übrigens möchte ich nicht mißverstanden werden, da ich keine Regierung bin und also daraus keinen Nutzen ziehen kann. Ich hab mich neulich nicht gegen das Denken ausgesprochen, wie immer es geklungen haben mag; ich bin, was der Doktor Goebbels eine Intellektbestie nennt. Ich bin nur gegen eine Gesellschaft, wo keiner am Leben bleiben kann ohne denkerische Operationen von gigantischem Ausmaß, das heißt eine Gesellschaft, wie sie der Doktor Goebbels haben möchte, der das Problem vollkommen löst, indem er es, das Denken, verbietet.

KALLE

Ich hab was dagegen, wenn man den Hitler einfach einen Dummkopf nennt. Das schaut so aus, als ob der Hitler in dem Augenblick, wo er nachdenken würd, überhaupt nicht mehr da wär.

ZIFFEL

Da ist was dran. So was wie ein Naturschutzpark für das Denken, wo es untersagt ist, Gedanken nachzujagen, gibts nicht nur in Deutschland unter Hitler; dort ist der Stacheldraht nur elektrisch geladen worden, sozusagen. Es ist denkfaul, die Rede des Hitler vor den rheinischen Industriellen vom Jahr 32 als unintelligent hinzustellen. Gegen diese Rede sind die Artikel und Reden der landläufigen Liberalen nur infantil. Der Hitler weiß wenigstens, daß er keinen Kapitalismus ohne Krieg haben kann. Was die Liberalen nicht wissen. Zum Beispiel die deutsche Literatur, die nach Karl Kraus denn auch mit Mann und Mehring untergegangen ist.

KALLE

Sie denken immer noch, sie können einen Metzger haben, aber ihm das Schlachten gesetzlich verbieten.

ZIFFEL

Das ist ein wundervolles Feld für einen humorliebenden Menschen. Ist Ihnen klar, daß die beste Lösung für die bange Frage »Wie kann man freien Wettbewerb haben und doch keine Anarchie?« die Kartelle sind? Und natürlich führen gerade die Versuche der Kartelle, eine internationale Ordnung herzustellen, zu den internationalen Kriegen. Die Kriege sind nichts als Versuche, den Frieden zu erhalten.

KALLE

Der zweite Weltkrieg ist ausgebrochen, bevor ein einziges geschichtliches Werk über den ersten hat erscheinen können.

ZIFFEL

Das Wort »ausgebrochen« besagt alles. Man gebraucht es hauptsächlich für Seuchen und es liegt drin, daß die keiner gemacht hat und nur keiner hat verhindern können. Schon wenn es heute auf Hungersnöte in Indien angewandt wird, ists im höchsten Grad irreführend, da sie einfach von Spekulanten veranstaltet werden.

KALLE
Für die Liebe gebraucht man das Wort auch. Mitunter ist es am Platz. Aber bei der Frau von einem Freund war es so: sie ist mit einem Herrn auf einer Eisenbahnreise ins Hotel gegangen und hat aus Ersparnisgründen ein Zimmer mit ihm genommen und dann ist die Liebe zwischen ihnen ausgebrochen, sie hat kaum was dagegen machen können. Die meisten Eheleute schlafen miteinander übrigens, ohne daß je eine Liebe ausgebrochen wär. Kriege brechen aus, hör ich, wenn ein Staat, und vielleicht noch seine Verbündeten, besonders kriegerisch ist. Das heißt, wenn er eben zur Gewalt neigt. Aber da hab ich mich oft gefragt, wie das bei einer Überschwemmung ist. Für gewöhnlich wird der Fluß als »reißend« hingestellt und das Flußbett als vollkommen friedlich, zusammen mit seinen malerischen Fachinen und Zementkonstruktionen, und dann kommt der Fluß und reißt alles nieder, und da ist er natürlich der Schuldige, er kann noch so laut schreien, daß es im Gebirg zu stark geregnet hat und daß alles das Wasser in ihn hineinstürzt, und er kommt nur nicht mehr aus mit dem Bett.

ZIFFEL
Das Wort »auskommen mit« ist ebenfalls bezeichnend. »Ich komm mit meiner Brotration nicht mehr aus« bedeutet noch keinen offenen Kriegszustand mit dem Brot, aber wenn ich sag »ich komm mit Ihnen nicht mehr aus«, so bedeutet das Kriegszustand, meistens ist es nur so, daß ich von Ihnen was brauch, ohne was Sie nicht auskommen, und was hat es da für einen Zweck, wenn jeder von uns schreit, der andere hat einen schlechten Charakter und ist unverträglich? Um zur Geschichtsschreibung zurückzukommen: wir haben keine. Ich hab in Schweden die Memoiren des Barras gelesen. Er war ein Jakobiner und ist ein Mitglied des Direktoriums gewesen,

nachdem er geholfen hat, den Robespierre zu beseitigen. Seine Memoiren sind in einem erstaunlich geschichtlichen Stil geschrieben. Wenn es seine Revolution behandelt, schreibt das Bürgertum in einem echt geschichtlichen Stil, aber nicht, wenn es seine sonstige Politik behandelt, einschließlich seine Kriege. Seine Politik ist die Fortführung seiner Geschäfte mit andern Mitteln, und seine Geschäfte öffentlich zu behandeln, liebt es nicht. So ist das Bürgertum lediglich ratlos, wenn die Politik gelegentlich in Kriege übergeht, sie sind sehr dagegen. Das Bürgertum führt die größten und meistumfassenden Kriege der Geschichte und ist zugleich echt pazifistisch. Jede Regierung erklärt, wenn sie in einen Krieg zieht, wie ein Säufer, wenn er einen Schnaps hebt, es sei unwiderruflich der letzte.

KALLE
Tatsächlich, wenn ich mirs überleg, sind die neueren Staaten die edelsten und feinsinnigsten Staaten, die je größere Kriege geführt haben. Früher hats immerhin den oder jenen Krieg gegeben, der aus Gewinnsucht geführt worden ist. Das hat ganz aufgehört. Wenn heut ein Staat eine fremde Kornkammer einverleibt haben möcht, sagt er entrüstet, daß er hin muß, weil dort unredliche Besitzer sind oder Minister, die sich mit Stuten verheiraten, was das Menschengeschlecht herabsetzt. Kurz, keiner von den Staaten billigt seine eigenen Motive für einen Krieg, sondern er verabscheut sie und schaut sich nach andern, besseren um. Die einzige unfeine Nation ist die Sowjetunion, die für ihre Besetzung Polens, wie es gegenüber den Nazis unterlegen war, überhaupt keine Gründe angegeben hat, die sich haben sehen lassen können, so daß die Welt hat annehmen müssen, es ist einfach aus Gründen militärischer Sicherheit gemacht worden, also aus ganz gemeinen, egoistischen Gründen.

ZIFFEL
Ich hoffe übrigens, Sie sind nicht der vulgären Meinung, daß die Engländer im ersten finnischen Krieg beinahe eingegriffen

hätten nur wegen der Nickelgruben, die sie dort besessen haben, das heißt, die einige von ihnen dort besessen haben, und nicht aus Liebe zu den kleinen Nationen?

KALLE
Ich bin froh, daß Sie mich warnen, ich hätts beinah geäußert, aber natürlich, wenns vulgär wär, äußer ichs nicht. Ein besonders schmutziges Motiv ist das beste, was man für ein Verbrechen haben kann, weil man einem dann sofort die edelsten Motive unterschiebt, da so schmutzige ja nicht möglich sind. In Hannover ist einmal ein Raubmörder damit freigekommen, daß er gestanden hat, er hat eine Lehrerin in ein paar Stücke zerschnitten, um eine Mark fünfzig in die Hand zu kriegen, zum Versaufen. Die Geschworenen habens ihm auf Anraten seines Verteidigers nicht geglaubt, es war zu bestialisch. Edle Motive für moderne Kriege werden schon daher gern geglaubt, weil die eventuellen wirklichen, die man sich vorstellen könnt, zu schweinisch sind.

ZIFFEL
Lieber Freund, Sie erweisen der sogenannten materialistischen Geschichtsbetrachtung einen Bärendienst, wenn Sie die Geschichte so versimpeln. Die Kapitalisten sind nicht einfach Räuber, schon weil die Räuber eben keine Kapitalisten sind.

KALLE
Das ist richtig; das einzige, was einen zu so einer Versimpelung veranlassen könnt, ist höchstens, daß man auch bei ihnen Beute vorfindet.

ZIFFEL
Beute ist falsch, Sie können im besten Fall Ausbeute sagen und das ist was ganz anderes, wie Sie genau wissen.

KALLE
Das schlimme ist nur, daß »Ausbeute« im Katechismus nicht vorkommt und nirgends die Note »unmoralisch« oder »bestialisch« bekommt.

ZIFFEL
Herr Winter, es wird spät.

Und so erhoben sie sich und schieden voneinander und entfernten sich, jeder an seine Statt.

13 ÜBER HERRENRASSEN / ÜBER DIE WELTHERRSCHAFT

Der Aufbau einer Firma zur Wanzenvertilgung nahm viel Zeit in Anspruch, da die Gase nur aus dem Ausland beschafft werden konnten und dazu keine Valuten bewilligt wurden. Ziffel und Kalle hielten ihre Sitzungen im Bahnhofsrestaurant ab. Sie kamen häufig auf Deutschland zu sprechen, das in diesen Wochen immer lauter die Weltherrschaft forderte.

ZIFFEL
Die Idee von der Rasse ist der Versuch von einem Kleinbürger, ein Adeliger zu werden. Er kriegt mit einem Schlag Vorfahren und kann auf was zurück- und auf was herabsehen. Wir Deutschen kriegen dadurch sogar eine Art Geschichte. Wenn wir schon keine Nation waren, können wir wenigstens eine Rasse gewesen sein. An und für sich ist der Kleinbürger nicht imperialistischer als der Großbürger. Warum auch? Aber er hat ein schlechteres Gewissen und braucht eine Entschuldigung, wenn er sich ausbreitet. Er haut nicht gern jemand mit dem Ellbogen in den Bauch, wenn es nicht sein Recht ist. Er hat gern, daß es seine Pflicht ist, wenn er auf jemand herumtrampelt. Die Industrie muß einen Markt haben, und wenn Blut fließt. Öl ist dikker als Blut. Aber wegen einem Markt kann man nicht Krieg machen, das wäre leichtfertig, man muß ihn machen, weil man eine Herrenrasse ist. Wir fangen damit an, daß wir die Deutschen ins Reich holen, und hören nur auf damit, daß wir auch die Polen und Dänen und Holländer ins Reich holen. Damit beschützen wir sie. Gute Herren sind zu ihrem eigenen Besten.

KALLE
Das Problem für sie ist, wie sie genug Herrenmenschen herstellen können. Im KZ hat uns der Kommandant drei Stunden übern Barackenhof traben und danach 200 Kniebeugen machen lassen. Dann haben wir uns in zwei Reihen aufgestellt

und er hat eine Ansprache gehalten. Wir Deutschen sind ein Herrenvolk, hat er mit einer hohen, quiekenden Stimm geschrien. Ich werd euch Schweinekerle solang zwiebeln, bis ich euch zu Vertretern einer Herrenrass gemacht hab, die man der Welt vorstellen kann, ohne Erröten. Wie wollt ihr die Weltherrschaft antreten, wenn ihr solche Schlappschwänze und Pazifisten seid? Die Schlappschwänzigkeit und den Pazifismus überlassen wir den vernegerten Rassen im Westen. Jeder einzelne Deutsche ist diesem Gesindel rassisch so überlegen wie eine Tanne einem Schwammerling. Ich werd euch hier solang die Eier schleifen, bis ihr das begriffen habt und mir auf euren Knien dankt, daß ich im Auftrag des Führers Herrennaturen aus euch gemacht hab!

ZIFFEL
Wie habens auf dieses unsittliche Ansinnen reagiert?

KALLE
Ich hab nicht recht gezogen. Andrerseits hab ich nicht gewagt, die Weltherrschaft ganz offen nicht anzustreben. Sie haben mich geprügelt und danach hat sich der Kommandant sogar einmal mit mir allein unterhalten. Er hat mitgenommen ausgesehn, weil er schon auf nüchternen Magen zwei Auspeitschungen mitangesehn hat, und ist auf dem Roßhaarsofa gelegen und hat seinen Bernhardiner gekrault. Siehst du, hat er nachdenklich gesagt, du mußt sie erobern, die Weltherrschaft. Es bleibt dir nichts andres übrig. Es ist das außenpolitisch genau, wie es innenpolitisch war. Nimm *mich*! Ich war in der Versicherungsbranche tätig. Der eine Direktor war ein Jude. Unter dem Vorwand, daß ich keine Policen bringe und ein paar Prämien für mich selber verwende, wirft er mich auf die Straße. Es ist mir nichts andres übriggeblieben, als in eine Partei einzutreten, die die Herrschaft im Staat angestrebt hat. Oder, wenn ich dir nicht genüg, nimm den Führer selber! Kurz vor Übernahme der Macht war er total bankrott. Er hätt nirgends mehr unter-

kommen können. Der einzige Beruf, der ihm noch offengestanden ist, war Diktator. Und jetzt nimm Deutschland! Es ist bankrott. Eine kolossale Industrie und kein Markt und kein Rohstoff! Die letzte Chance: die Weltherrschaft! Betracht die Chose einmal von diesem Gesichtspunkt aus!

ZIFFEL
Sie können die Aufgabe nur bewältigen, wenn sie mit rücksichtsloser Strenge vorgehen. Mit Strenge kann man aus einer Memme ein Ungeheuer machen. Prinzipiell können Sie die größte Stadt der Welt von kleinen Angestellten zusammenbombardieren lassen, die nur mit Herzklopfen zum Unterabteilungschef hineingingen. Das sind technische Fragen. Man setzt die Soldaten auf Motore und läßt die Motore auf den Feind los, und zwar mit einer Fahrgeschwindigkeit, daß keiner sich abzuspringen trauen würde. Andre stopft man in Transportpläne und setzt sie mitten in feindlichen Armeen ab, wo sie sich verzweifelt wehren müssen, damit sie das nackte Leben retten. Nicht wenige kann man als lebendige Bomben abschmeißen. Ein ganzes Heer hat man im Innren von Lastschiffen versteckt und an entfernte Küsten gefahren, wo sie ausgeladen und den Angriffen der Bewohner ausgesetzt wurden, die allerdings überrumpelt waren. Zwei Kontinente sind erbleicht wegen der Unerschrockenheit dieser Soldaten, aber selbst wenns die Erschrockenheit war, habens Grund genug zum Erbleichen gehabt. Dazu kommt der nach wissenschaftlichen Gesichtspunkten vorgenommene Drill. Der Mensch, selbst der vernünftigste, kann so gedrillt werden, daß ihm nichts leichter fällt als eine Heldentat. Er ist automatisch ein Held. Nur mit dem Aufgebot der äußersten Willenskraft wär er imstand, anders als heldenhaft aufzutreten. Nur wenn er alle seine Phantasie zusammennähme, könnt er sich was anderes ausdenken als eine Heldentat. Die Propaganda, die Drohungen und das Beispiel machen beinahe jeden zum Helden, indem sie ihn willenlos machen. Gleich zu Beginn der großen Zeit hab ich meinen

Portier wie einen Gouvernör im Feindesland auftreten sehen. Einen Winkelblattsportberichterstatter wie einen Kulturträger und einen Zigarrenhändler wie einen Industriekapitän. Gewisse kriminelle Elemente, die bisher ganz bescheiden, ohne großes Wesen von sich zu machen, in die Wohnungen eingebrochen waren, meist im Schutz der Nacht, haben das jetzt bei Tag gemacht, öffentlich, und sie haben gesorgt, daß ihre Taten in die Zeitungen gekommen sind. Sie können durch gewisse Gewürze in winziger Quantität einen Teig so verändern, daß der Geschmack ein ganz neuer wird. So hat alles, was man gesehen hat, einen ganz neuen Charakter angenommen, und zwar einen drohenden. Zuerst drohten nur einige einigen, dann einige allen und am Schluß alle allen. Die Leute schliefen abends ein mit dem Gedanken an die Drohungen, denen sie an diesem Tag ausgesetzt gewesen waren, und an die Drohungen, die sie selber am nächsten Tag ausstoßen könnten.

KALLE
Es ist ihnen gelungen, einander in kurzem so einzuschüchtern, daß man folgende Geschichte erzählt hat. Ein Ausländer hat einen Geschäftsfreund aufgesucht. Wie geht es euch unter dem neuen Regime, fragt er ihn schon im Kontor. Der Geschäftsfreund wird bleich, murmelt was Unverständliches, langt nach seinem Hut und zieht den Ausländer zur Tür. Der erwartet, daß er auf der Straße was hören wird, aber sein Freund blickt sich scheu um und biegt mit ihm in ein Restaurant ein, wo er in einer Ecke, weit weg von allen andern Gästen, einen Tisch wählt. Nachdem ein Kognak bestellt ist, fragt der Ausländer wieder seine Frage, aber der Deutsche schielt mißtrauisch auf die Tischlampe, die einen sehr dicken Bronzefuß hat. Sie zahlen und der Deutsche führt den Geschäftsfreund in seine Junggesellenwohnung, direkt ins Badezimmer, dreht den Wasserhahn auf, damit ein lautes Rauschen entsteht, und sagt ihm, grad noch hörbar auf kurze Entfernung: Wir sind zufrieden.

ZIFFEL

Ohne starke Polizei und ständige Aufsicht können Sie aus keinem Volk eine Herrenrasse machen. Es fällt Ihnen immer wieder zurück. Glücklicherweise ist der Staat in der Lage, da einigen Druck auszuüben. Er braucht den Leuten zum Beispiel nicht unbedingt etwas zum Fressen zu geben, eine in die Fresse genügt mitunter auch. Die Welteroberung beginnt mit dem Opfersinn, sie steht und fällt damit. Die einzigen Geschöpfe, die keinen Opfersinn kennen, sind Tanks, Stukas und überhaupt Motoren. Sie allein sind unwillig, Hunger oder Durst zu ertragen, und verschließen sich da allen vernünftigen Argumenten. Keinerlei Propaganda vermag sie dazu zu bewegen, zu arbeiten, ohne gespeist zu werden. Kein Versprechen einer paradiesischen Zukunft mit ganzen Meeren von Benzin kann sie zum Weiterkämpfen ohne Benzin bringen. Der Schrei, das Land sei verloren ohne ihr Durchhalten, verklingt ungehört von ihnen. Was hülfe es, sie an eine ruhmvolle Vergangenheit zu erinnern? Sie haben keinen Glauben an den Führer und keine Furcht vor seiner Polizei. Ihren Streik kann keine SS brechen und sie streiken sofort, wenn das Futter ausbleibt. Aus Freude allein gewinnen sie keine Kraft. Immerfort müssen sie geschmiert werden, das ganze Volk muß sich Extraentbehrungen auferlegen, damit es ihnen niemals an etwas gebricht. Werden sie vernachlässigt, dann zeigen sie zwar keinen Zorn, aber auch kein Verständnis, sondern einfach Rost. Diesen Geschöpfen fällt es am leichtesten im Land, ihre Würde zu bewahren.

KALLE

Der Deutsche hat eine unglückliche Geschichte gehabt und so hat sich in ihm ein einzig dastehender Gehorsam gebildet. Er gehorcht auch, wenn man ihn zum Herrenmenschen machen will. Sie können ihn anbrüllen »Knie beugt!« oder »Augen rechts!« oder »Welt beherrscht!«, er wird immer versuchen, den Befehl auszuführen. Vor allem hat man ihm beibringen müssen, was ein Deutscher ist und was nicht. Man hat sich mit

Blut und Boden geholfen. Nur ein Deutscher darf sein Blut für den Führer vergießen und nur ein Deutscher darf einem Deutschen seinen Boden wegnehmen. Der Häftling im KZ und sein Auspeitscher gehören blutmäßig zusammen, und weil sie dem gleichen Boden entstammen, haben sie die gleiche Art. Ich bin gegen die Bande des Bluts immer genauso eingestellt gewesen wie gegen alles andere, was mich gebunden hat. Ich hab gern freie Händ. Es ist richtig, seinen Vater kann man sich nicht wählen, drum kann er einen mitm Riemen durchwichsen. Er könnt nicht so schmatzen beim Essen, wenn man sich einen andern Vater wählen könnt.

ZIFFEL
Es wird einem natürlich krummgenommen, wenn man alle Bande zerreißt, sogar die heiligsten.

KALLE
Wieso zerreiß *ich* sie? Die Familie haben die Kapitalisten zerrissen. Und das Band zwischen mir und meinem Land hat der Wieheißterdochgleich zerrissen. Ich bin nicht egoistischer als ein anderer, aber zur Weltherrschaft laß ich mich nicht drängen. Da bleib ich hart. Ich hab den unbegrenzten Opfersinn nicht dazu.

Darauf wandten sie sich noch für eine Weile der Wanzenvertilgung zu und dann schieden sie voneinander und entfernten sich, jeder an seine Statt.

14 Eine Erfindung zweier ausgeruhter Köpfe: Die Ziffel- und Kalleschrift

Als Ziffel und Kalle sich das nächste Mal trafen, war es in Helsinki bekanntgeworden, daß zwei motorisierte Nazidivisionen in Finnland gelandet waren. Da sie eine nennenswerte Übermacht darstellten, waren die Freunde etwas beunruhigt und griffen zu leichterer Konversation.

ZIFFEL
Ich habe mir überlegt, ob man nicht die stupende Ungenauigkeit einiger Wörter durch eine neuartige Schrift beseitigen könnte. Es würde eine Bilderschrift sein, nach chinesischem Muster. Als zwei ausgeruhte Köpfe könnten wir die Grundlage für solch eine Schrift schaffen.

KALLE
Ich glaub, wir könnten kaum was Praktischeres machen im Augenblick. Wie würden Sie zum Beispiel MENSCH schreiben?

ZIFFEL
Das ist an und für sich einfach. Wir nehmen einen Mann, so etwa:

Wir müssen nur die Ungenauigkeit entfernen, die in solchen Sätzen wie »er ist ihm menschlich nahegetreten« vorherrscht. Man darf damit nicht etwa auch an einen Mordfall denken können. Wir können bestimmen, daß das gleiche Zeichen für HILFREICH gelten soll. Ein schlechter Mensch ist dann so geschrieben:

also ein Mensch ohne Arme. Sie verstehen, der Schreiber muß sich festlegen. Er kann nicht die Schrift dazu benutzen, daß er uns im unklaren läßt.

KALLE
Einverstanden. Die hilfreichsten Menschen sind die Arbeiter. Ich schlage dieses Zeichen vor:

Das bedeutet: Handweggeber, Gemieteter.

ZIFFEL
Wie schreibt man dann die Begrüßungsartikel für Minister oder die Nekrologe für Industriekapitäne, das heißt, wie schreibt man »Krupp war ein großer Arbeiter«?

KALLE
Kann man nicht schreiben. Haben Sie etwas dagegen?

ZIFFEL
Ich nicht. Folgendes Zeichen für ARBEITER

wünschen Sie da wohl also für spätere Zeiten zu reservieren? Schön, da hat unsere Schrift eine Entwicklungsmöglichkeit.

KALLE
In Schwierigkeiten kommen wir nur, wenn wir KAPITALIST schreiben sollen. Das Logische wäre

aber das ist unmöglich, da er *so* geschrieben werden muß:

ZIFFEL
Vorschlag:

KALLE
Das ist ein Gedankenblitz. Wir müssen etwas für HERRSCHEN haben, das ist ein wichtiges Wort.

ZIFFEL
Sehr wichtig. Aber für HERRSCHEN sind Sie zuständig.

KALLE
Etwas von der Art?

Arsch, auf Kopf sitzend.

ZIFFEL
Vulgär.

KALLE
Herrschen ist etwas Vulgäres.

ZIFFEL
Es ist nicht schlecht, wenn man es für herrschende Lehre verwendet. LEHRE würde ich übrigens als Schultafel ausdrücken, nur verwendbar mit Jahreszahl.

Dasselbe Zeichen ohne Jahreszahl würde dann EWIGE WAHRHEIT bedeuten, und wir könnten es gleichzeitig für GEISTIGEN BETRUG verwenden. – Wir müssen aber dann zumindest ein Zeichen für VERWALTEN haben. HERRSCHEN und VERWALTEN wird ständig zu Vernebelungszwecken gleichgesetzt.

KALLE
Auf keinen Fall darf einer VERWALTEN hinschmieren können, ohne daß er Farbe bekennt, ob er GUT VERWALTEN oder

SCHLECHT VERWALTEN meint. Etwa in dem Satz »sie beschlossen, die Universität oder die Fabrik zu verwalten«.

ZIFFEL
Nehmen wir als Grundsymbol für VERWALTEN einfach das Ziehen einer Linie. Dann gibt es VEREINFACHEN, ABKÜRZEN für GUT VERWALTEN:

und für SCHLECHT VERWALTEN das Verlängern und Komplizieren der Linie:

REGIEREN ist verglichen mit FLUSSREGULIEREN, notwendig vor allem in alten Zeiten, als von Beamten diktiert. Es hat zwei Zeichen. Das eine steht für GUTES REGIEREN:

Der Lauf des Flusses wird verkürzt, die Schiffahrt wird leichter, die Kraft des Flusses wird größer, die Instandhaltung erfordert weniger Menschen. Das zweite Zeichen steht für SCHLECHTES REGIEREN:

Der Lauf des Flusses wird verlängert, die Schiffahrt wird mühvoller, die Kraft des Flusses wird geschwächt, die Instandhaltung erfordert mehr Menschen.

HERRSCHEN ist MIT DEM HINTERN AUF EINEM KOPF SITZEN, es hat nur ein einziges Zeichen:

ARBEITER hat das Zeichen der VOM ARM GETRENNTEN HAND, denn der Arbeiter, um zu leben, vermietet seine Hand:

HÖREN, SEHEN, LESEN wird dargestellt durch eine GEÖFFNETE HAND,
jedoch gibt es zwei Zeichen.
Das eine bedeutet GUT HÖREN, GUT SEHEN, MIT GEWINN LESEN, also VERSTEHEN, und legt etwas in die Hand:

Das zweite Zeichen bedeutet UNGENAU HÖREN, FLÜCHTIG SEHEN, ÜBERFLIEGEN, so liegt nichts in der Hand:

FRÜHLING wird dargestellt durch eine VOGELSCHWINGE oder eine PFLANZE, AUFSCHIESSEND AUS DEM BODEN. Es ist ein Zeichen der sich befreienden Produktion.

REVOLUTION wird dargestellt durch das vergrößerte Zeichen des FRÜHLINGS, also der sich befreienden Produktion, vereint mit dem Zeichen des VERSTÄNDNISSES, der geöffneten Hand:

14 Ziffel erklärt seinen Unwillen gegen alle Tugenden

Der Herbst kam mit Regen und Kälte. Das liebliche Frankreich lag am Boden. Die Völker verkrochen sich unter die Erde. Ziffel saß im Bahnhofsrestaurant von H. und schnipfelte eine Brotmarke von seiner Brotkarte.

ZIFFEL
Kalle, Kalle, was sollen wir armen Menschen machen? Überall wird Übermenschliches verlangt, wo sollen wir noch hin? Nicht nur ein Volk oder zwei Völker erleben eine große Zeit, sondern sie rückt unaufhaltbar für alle Völker herauf, sie kommen ihr nicht aus. Das möcht einigen passen, daß sie keine große Zeit durchmachen müßten, und nur andere müßten es, nein, daraus wird nichts, sie müssen es sich aus dem Kopf schlagen. Über dem ganzen Kontinent nehmen die Heldentaten zu, die Leistungen des gemeinen Mannes werden immer gigantischer, jeden Tag wird eine neue Tugend erfunden. Damit man zu einem Sack Mehl kommt, braucht man eine Energie, mit der man früher den Boden einer ganzen Provinz hätt urbar machen können. Damit man herausbringt, ob man schon heut fliehen muß oder erst morgen fliehen darf, ist eine Intelligenz nötig, mit der man noch vor ein paar Jahrzehnten hätt ein unsterbliches Werk schaffen können. Eine homerische Tapferkeit wird gefordert, damit man auf die Straße gehen kann, die Selbstentsagung von einem Buddha, damit man überhaupt geduldet wird. Nur wenn man die Menschlichkeit von einem Franz von Assisi aufbringt, kann man sich von einem Mord zurückhalten. Die Welt wird ein Aufenthaltsort für Heroen, wo sollen wir da hin? Eine Zeitlang hats ausgesehn, als ob die Welt bewohnbar werden könnt, ein Aufatmen ist durch die Menschen gegangen. Das Leben ist leichter geworden. Der Webstuhl, die Dampfmaschine, das Auto, das Flugzeug, die

Chirurgie, die Elektrizität, das Radio, das Pyramidon kam, und der Mensch konnte fauler, feiger, wehleidiger, genußsüchtiger, kurz, glücklicher sein. Die ganze Maschinerie diente dazu, daß jeder alles tun können sollte. Man rechnete mit ganz gewöhnlichen Leuten in Mittelgröße. Was ist aus dieser hoffnungsvollen Entwicklung geworden? Die Welt ist schon wieder voll von den wahnwitzigsten Forderungen und Zumutungen. Wir brauchen eine Welt, in der man mit einem Minimum an Intelligenz, Mut, Vaterlandsliebe, Ehrgefühl, Gerechtigkeitssinn und so weiter auskommt, und was haben wir? Ich sage Ihnen, ich habe es satt, tugendhaft zu sein, weil nichts klappt, entsagungsvoll, weil ein unnötiger Mangel herrscht, fleißig wie eine Biene, weil es an Organisation fehlt, tapfer, weil mein Regime mich in Kriege verwickelt. Kalle, Mensch, Freund, ich habe alle Tugenden satt und weigere mich, ein Held zu werden.

Die Kellnerin nahm die Brotmarke in Empfang, der Dingsda überfiel Griechenland, Roosevelt fuhr auf Wahlagitation, Churchill und die Fische warteten auf die Invasion, der Wieheißterdochgleich schickte Soldaten nach Rumänien und die Sowjetunion schwieg weiter.

15 Kalles Schlusswort / Eine ungenaue Bewegung

KALLE
Ich hab mir Ihren ergreifenden Appell von neulich überschlafen und Ihren Überdruß, was das Heldentum betrifft. Ich denk, ich engagier Sie. Ich hab einen Geldgeber für die Gründung meiner Wanzenvertilgungsanstalt mit beschränkter Haftung gefunden.

ZIFFEL
Ich nehm das Engagement mit dem Ausdruck des Zögerns an.

KALLE
Was Ihre Gesinnung angeht: Sie haben mir zu verstehen gegeben, daß Sie auf der Suche nach einem Land sind, wo ein solcher Zustand herrscht, daß solche anstrengenden Tugenden wie Vaterlandsliebe, Freiheitsdurst, Güte, Selbstlosigkeit so wenig nötig sind wie ein Scheißen auf die Heimat, Knechtseligkeit, Roheit und Egoismus. Ein solcher Zustand ist der Sozialismus.

ZIFFEL
Entschuldigen Sie, das ist eine überraschende Wendung.

Kalle stand vom Wirtstisch auf und erhob seine Kaffeetasse.

KALLE
Ich fordere Sie auf, sich zu erheben und mit mir anzustoßen auf den Sozialismus – aber in solch einer Form, daß es hier im Lokal nicht auffällt. Gleichzeitig mach ich Sie darauf aufmerksam, daß für dieses Ziel allerhand nötig sein wird. Nämlich die äußerste Tapferkeit, der tiefste Freiheitsdurst, die größte Selbstlosigkeit und der größte Egoismus.

ZIFFEL
Ich habs geahnt.

Und er erhob sich mit seiner Tasse und machte mit ihr eine ungenaue Bewegung, die nicht leicht jemand als einen Versuch zum Anstoßen entlarven konnte.

Zu den »Flüchtlingsgesprächen« gehörende Texte

Ziffels Lied

Hört, ihr fern zurückgebliebnen Freunde
Ich bin raus! Gerettet, wie es scheint.
Und ich bitt euch, Stacheldrahtumzäunte
Daß ihr mich beneidet, nicht beweint.
Halb hinausgeworfen, halb entflohen
Suche ich, die Mütze in der Hand
Kommend aus dem Lande der Heroen
Nun ein glückliches Pygmäenland.

Freilich gibt es überall Erlässe
Willkür, Ordnung, Polizeigewalt
Und man fragt die Wolken: Habt ihr Pässe?
Und den Baum: Wo ist dein Aufenthalt?
Großer Mangel herrscht an leeren Welten
Denn die unsrige ist leider voll
Voll von Hungerkünstlern und von Helden
Bebend vor der Diktatoren Groll.

ZIFFEL
Diese Wissenschaft ist zu spät ins Leben gerufen worden; die Welt war schon zu gut kommerzialisiert. Man hat das Wunderkind sofort so entwickelt, daß es grausig anzuschauen war bereits bei der Taufe. Der Freud hat gesehn, daß die Welt Scharlatane gebraucht hat, so hat er schnell eine Schule gegründet und die Welt hat sich daraus Scharlatane nehmen können.

KALLE
Ich hab gehört, er hat Geisteskrankheiten entdeckt, die von den Änderungen der Gesellschaft kommen, wo heut verboten wird, was gestern verlangt worden ist.

ZIFFEL
Er hat eine Art Relativitätstheorie der Moral aufgestellt. Aber wo er geistige Brüche medizinisch behandelt hat, war er nicht so glücklich.

KALLE
Ich hab einen Freund gehabt, der war Schofför bei einem Großindustriellen. Der Herr hat sich alle paar Tage zum Psychoanalytiker fahren lassen. Im Winter hat mein Freund oft stundenlang unten gewartet; es war ihm gleich, er ist gut bezahlt worden, weil er die ausdrückliche Verpflichtung gehabt hat, den Herrn gegen alle Angriffe und Tätlichkeiten zu schützen, besonders wenn in eine der Fabriken gefahren wurde. Natürlich ist nie ein Angriff vorgekommen und so ...

ZIFFEL
Ich muß Sie unterbrechen. Es ist erstaunlich, daß nie so was vorkommt. Es muß die Lektüre der sozialdemokratischen Zeitungen sein, die die Arbeiter abhält. Sie hören immerfort, daß sie vom Kapital beherrscht werden, so übersehn sie die Kapitalisten. Sie hören, die Zustände sind schlecht, das lenkt von den schlechten Menschen ab.

KALLE
Jetzt erinner ich mich, daß doch einmal was vorgekommen ist. Ein anderer Großindustrieller, den unserer ruiniert hat, hat ihn vor einem Restaurant gewatscht. Zurück zur Psychoanalyse. Der Schofför hat von der Gnädigen, die eine hübsche Blondine gewesen sein soll, gehört, was mit ihrem Gatten los war. Er hat unter einem Minderwertigkeitskomplex gelitten. Der Psycho-

analytiker hat herausbringen sollen, wieso. Es ist Monate und Monate gegangen, bis der Doktor herausgebracht hat, warum der Großindustrielle sich dauernd schuldig gefühlt hat, es war etwas mit seiner Kinderfrau, glaub ich, wie er ein paar Monate alt war, etwas Kompliziertes.

ZIFFEL
Unter uns, ich glaubs nicht, wenn in gewissen Theaterstücken die Kapitalisten ein schlechtes Gewissen haben. Das kann meiner Meinung nach nur vorkommen, wenn sie es versäumt haben, jemandem die Haut abzuziehen.

KALLE
Der Großindustrielle soll sich jedenfalls nach der Psychoanalyse immer sehr erleichtert gefühlt haben. Zumindest hat er etwas ausplaudern können, ohne daß es ihm geschadet hat. Er hat gestehen können. Und nichts Schlimmes, das heißt, was zur Sprache gekommen ist, war harmlos, aber es hat für das Schlimmste gegolten, was es gibt, so Schweinereien. Und dann hat ihm der Doktor versichert, daß er gar kein Schwein war, sondern es war natürlich.

ZIFFEL
Ich hoffe, Sie beabsichtigen nicht eine Diskussion über die Psychoanalyse vom wissenschaftlichen Standpunkt aus. Der wissenschaftliche Standpunkt ist der Psychoanalyse gegenüber nicht am Platze. Sie ist ein riesiges Gewerbe und in gewissem Sinn so unentbehrlich wie der Film.

KALLE
Ja. Ich muß Ihnen aber noch den Anlaß erzählen, warum der Herr, von dem ich Ihnen erzählt habe, zum Psychoanalytiker gefahren ist. Ein Universitätsprofessor hat bei einem Bankett die Hand des Großindustriellen in seiner Hosentasche gefunden. Der Doktor hat herausfinden sollen, warum. Der Großin-

dustrielle hat nur angeben können, daß er einem unwiderstehlichen Drang gefolgt war.

ZIFFEL
Ich verstehe natürlich, worauf Sie hinauswollen. Daß es eine leidige Gewohnheit von dem Herrn war, andern Personen in die Tasche zu langen und so weiter. Darf ich Sie aufmerksam machen, daß eine solche Erklärung nicht hieb- und stichfest wäre? Obgleich ich sie begrüße, weil sie wenigstens vulgär ist. Aber eines ist richtig; selbst angenommen, Ihre Erklärung träfe zu – eine Einsicht des Patienten, herbeigeführt von einem tüchtigen Juristen, daß er zu räuberischen Akten neige, würde ihn noch lange nicht heilen, das heißt, er würde seinen Beruf dadurch nicht aufgeben.

KALLE
Aber vielleicht sein Schuldgefühl.

ZIFFEL
Richtig, die Sitzung könnte zu einem Gefühl der Erleichterung führen. So würden sich auch exorbitante Honorare am Ende bezahlt machen. Es ist ein unleugbares Verdienst der Psychoanalyse, daß sie bei den besitzenden Klassen eine Seele entdeckt hat.

KALLE
Während die Bolschewiken, nach Thomas Mann, keine Seele haben.

ZIFFEL
Sie sollten Thomas Mann eine solche Ansicht nicht heute noch vorwerfen. Gerade der Umstand, daß er sie gehabt hat, beweist, daß er sie nicht mehr hat. Dieser Schriftsteller ist besonders vorsichtig darin, daß er niemals eine schon geäußerte Ansicht wiederholt. Interessanter ist, wie sich die Psychoanalyse

hat halten können. Der Hauptgrund ist natürlich, daß sie am Anfang als schweinisch verschrieen wurde, so daß die Liberalen sie in Schutz nehmen mußten. Idiotische Feinde sind für eine Theorie Gold wert. Auch die Witzeleien haben zu ihrem Erfolg beigetragen. Die Psychoanalytiker konnten sie als billig bezeichnen und damit waren sie erledigt.

KALLE
Vergessen Sie nicht, daß es eine Gelegenheit war, von geschlechtlichen Dingen zu reden. Je weniger das Geschlechtliche vorgekommen ist im täglichen Leben, desto mehr hat man darüber reden wollen, das ist natürlich. Die Gnädige hat ebenfalls, hör ich von meinem Freund, gern darüber geredet.

ZIFFEL
Eine Zeitlang waren die Intellektuellen auch froh, gegenüber den stark langweiligen Nachweisen der Marxisten, daß das Ökonomische alles bestimmt, eine Konkurrenztheorie zu haben, nach dem das Geschlechtliche alles bestimmt.

ZIFFEL
WAS MICH GLEICH ABGESTOSSEN HAT, war, daß das Wort »DER GLAUBE« eine solche Rolle gespielt hat. Sie haben Glauben von mir verlangt und ich kann nicht geben, was ich nicht hab. Sie können Steuern verlangen, gewisse Dienste, ein bestimmtes Benehmen, meinetwegen, daß ich den Fuß aufheb, wenn sie sich zeigen, aber nicht, daß ich glaube. Ich glaub nicht einmal an Newton, einen hervorragend intelligenten Menschen, und da soll ich an den Wieheißterdochgleich glauben? Ich hab Blut geschwitzt, bis ich gelernt hab, daß ich nichts glauben darf, nicht, daß die Winkelsumme im Dreieck 180 Grad ist, nicht, daß ein Körper, den ich in die Luft schleuder, sicher auf den Boden zurückfällt, nicht, daß da, wo ich Sie sitzen seh, wirklich was sitzt, wie gesagt, ich hab mirs was kosten

lassen, übrigens auch Geld, meine natürliche Anlage zum Glauben auszurotten, und jetzt soll ich an diese Leute glauben? Der Weg vom Buschmann zum zivilisierten Menschen ist keinen Meter weiter als der vom zivilisierten Menschen zum Buschmann, er will gegangen sein.

KALLE
Ich kann Ihnen das nachfühlen und hoff, daß Ihre Kollegen es auch schwer haben mitm Glauben, ich mein, auf einem Gebiet, wo sie nicht daheim sind. Nehmen wir das Religiöse. Ich hab gehört, daß es Leut gibt, die nicht glauben, daß die Winkelsumme im Dreieck soundso viele Grad sind, aber sie sollen dafür an Geister glauben.

ZIFFEL
Sie, treibens keinen Scherz mit unheiligen Dingen! Es ist nicht jeder Physiker ein Planck, aber daß einer an Geister glaubt, hab ich nicht gehört.

KALLE
Vielleicht nicht an Geister, aber an Gott. Mit Ihrem Herrn Planck habens kein Glück. Von dem hab ich gehört, daß er religiös ist, es ist in der Zeitung gestanden. Wir habens zuerst nicht geglaubt, daß er glaubt, aber dann haben wir doch dran glauben müssen. Ich hab seinetwegen einen Disput gehabt mit einem Metallarbeiter von den Freidenkern und ich hab das Kaiserwilhelminstitut, wo er Präsident ist, in Schutz nehmen müssen und hab zugeben müssen, daß sich das Kaiserwilhelminstitut mit einem Kaffern vielleicht nicht verständigen kann über gewisse Atome, aber daß eine Übereinstimmung besteht über religiöse Fragen.

ZIFFEL
Sie meinen, in einem Planck steckt immer noch ein Buschmann?

KALLE
Lassen wir die Buschmänner. Daß die so rückständig und unvernünftig sind auf allen Gebieten, das ist auch so ein Stück Glaube, das in den Blättern von den Kolonialimperialisten verbreitet wird. Ich möcht mich wundern, wenn der Planck nicht Sachen glauben würd, die kein Buschmann glaubt, zum Beispiel auf sozialem Gebiet.

ZIFFEL
Davon versteh ich nichts.

KALLE
Wenns nichts davon verstehn, werdens was drüber glauben.

ZIFFEL
Ich kann nicht sagen, dass ich das Phänomen Nationalsozialismus begriffen hätt. Ich versteh noch zur Not den Karl May, wo der deutsche Übermensch als Old Shurehand den Amerikanern hilft, mit den Indianern fertig zu werden, und den Arabern, gewisse übelwollende Scheichs in ihre Schranken zurückzuweisen. Das ist diese echt jüdische Idee vom auserwählten Volk und schon bei den Juden nicht originell. Solche Listen, wie daß man in einem Teich, unter Wasser sitzend und durch ein Schilfrohr Luft schöpfend, den Feind täuscht, werden merkwürdig erst, wenn eine motorisierte Division, verkleidet als gesalzene Fische, in Transportdampfern nach Bergen geschmuggelt wird oder wenn aus dem Wunderpferd Rih ein Supertank und aus der Wunderreifel Soundso ein Stuka wird. Plötzlich ist die ganze moderne Wissenschaft für diese Ziele eingespannt und was Kindisches und Unheimliches hat sie alle ergriffen, merkwürdig.

KALLE
Ich verstehs, daß Sies nicht verstehn, wie diese ganze Intelligenz in die Dummheit kommt.

KALLE
WAS HABEN SIE GEGEN DIE PHILOSOPHIE?

ZIFFEL
Nichts, solang sie nicht wissenschaftlich betrieben wird. So, wie mein Onkel Theodor Philosoph war – da kann ich auch als Wissenschaftler nur den Hut ziehen. Als er sich mit 42 Jahren gelähmt fand, engagierte er sich eine besonders empfohlene Köchin, um den Rest seines Lebens besser zu essen, als ein Äquivalent. Die Nachbarn haben das mit Recht als philosophisch gerühmt, obgleich es mit der wissenschaftlichen Philosophie nichts zu tun gehabt hat. Verstehn Sie mich recht, ich könnt mir eine Philosophie im Sinn meines Onkels Theodor auch auf wissenschaftlicher Grundlage vorstellen; auch eine Disziplin für die Schaffung einer Einheitssprache für die Wissenschaften oder für die weise Benutzung der Wissenschaften und so weiter. Aber die augenblickliche Philosophie befaßt sich ausschließlich mit dem reinen Denken und Fakten werden bereits als Unreinheiten angesehn.

KALLE
Ich hab gehört, die Physiker haben eine eigene Philosophie aufgestellt.

ZIFFEL
Das ist richtig, sie haben es nicht mehr ausgehalten und Gesetze erlassen, die bestimmt haben, was für eine Art von Aussagen zulässig sind und was für eine Art nicht. Sie haben darauf bestanden, daß die Aussagen Sinn haben müssen. Das war ein wohltuender Fortschritt, aber es hat sich herausgestellt, daß es mit der Philosophie aus ist, wenn sie sich streng an Sinn halten soll. Mit der neuen Art von Aussagen hat man nicht viel mehr aussagen können als, sagen wir, »die gelben Stühle kosten bei der Firma A ebensoviel wie die grünen Stühle«.

KALLE

SCHLIMMER IST, DASS BEI MEINUNGSFREIHEIT nie darüber geredet wird, wie man eine Meinung kriegen kann. Zuerst müßt ich doch instand gesetzt werden, daß ich mir eine Meinung bilde. Wenn es aber Leute gibt, die dagegen sind und die Druckerpressen, den Nachrichtenapparat, die Schreiber und das Papier besitzen, nützt es mir nicht, wenn mir erlaubt wird, daß ich eine Meinung aussprechen darf.

KALLE

DER IDEE, DASS MAN DEN FASCHISMUS AUSHALTEN KÖNNT, wenn er nur friedlich wär, begegnet man öfters. Sie ist nicht besonders intelligent. Warum, es ist, wie wenn man sagt, die Schweinemast ist für die Schweine auszuhalten, wenn sie dann nur nicht geschlachtet würden. Der Wieheißterdochgleich hat das Arbeitslosigkeitsproblem gelöst, hat man gesagt, wie er die Arbeitslosen hat Tanks, Bomber und Munition herstellen lassen. Der einzige Nachteil ist vielleicht, daß es zum Krieg führen wird. Genauso blöd ist es zu sagen, der Kapitalismus geht noch, aber der Faschismus, das ist zuviel. Wenn der Kapitalismus ohne den Faschismus gegangen wäre, wär der Faschismus nicht gegangen. Er soll nur ein Auswuchs sein, les ich. Aber ein Mensch, der einen bestimmten Auswuchs hat, der Krebs heißt, stirbt leicht, wenn er auch sonst ganz gesund ist. Die Idee von einem friedlichen Kapitalismus ist wahnsinnig. Man stellt sich das so vor: alles geht normal, es herrscht Frieden, dann kommt eine Unterbrechung, ein bedauerlicher Zwischenfall, der Krieg. Wie beim Schweinemästen! Immer kommt ganz schön Futter, immer wird man gewaschen, hofiert und fotografiert, und nur mitunter kommt ein bedauerlicher Zwischenfall, indem man geschlachtet wird.

KALLE

Ich erinner mich an einen Massör, den ich einmal für Ischias gehabt hab. Er hat eine neue Methode gehabt, und darum war er billig. Ich hab ihn wegen dem letzteren genommen, nicht wegen dem ersteren. Ihm wars um die Idee zu tun, hat er gesagt, nicht um das Verdienst. Alles an ihm hat getäuscht. Was er gemacht hat, war sehr schwer; es hat eine Bärenkraft in den Fingern benötigt und eine genaue Kenntnis der Nervenstränge. Und die konventionellen Massöre, die im alten Schlendrian haben weiterfahren wollen, waren ganz gegen ihn, so daß er ein Pionier hat sein müssen. Alles das hat für ihn eingenommen und ich hätt ihn behalten, wenn er gut gewesen wär. Er war aber schlecht, und seine Massage hat nicht geholfen.

ZIFFEL

Das ist seine Natur. Sie wird sich immer gleich bleiben.

KALLE

Seien Sie doch nicht so humorlos, plötzlich. Warum soll sie sich gleichbleiben? Als Physiker wissen Sie, daß sich die Natur nicht gleichbleibt, besonders nicht, wenn man sie ändert. Mancher Fluß, der früher eine unbezähmbare Natur gehabt hat und sich quartalsmäßig gewalttätig aufgeführt hat, ist ganz manierlich geworden. Wie man ihn bettet, so liegt er. Und was die Winter in verflossenen Zeiten aufgestellt haben! Heut sinds nur noch ein hübscher Anblick. In den Großstädten könnens einem sogar leid tun. Und mehr als ein hübscher fauler See, der nie was geleistet hat, ist ein ganz passabler Schwerarbeiter geworden, Beleuchter. Und wir gehören auch zur Natur und so können wir uns auch ändern. Wir haben uns nur nicht so genau studiert wie die übrige Natur, das war der Fehler.

Über Gelegenheiten / Erfindung macht verliebt

Sie können nix machen ohne Gelegenheit. Eine schnittige Figur, eine erstaunliche Redegabe, eine brillante Technik nutzen Ihnen einen Dreck, wenns keine Gelegenheit haben. Die größten Feldherrn sind keine geworden, weils einen faulen Frieden gegeben hat, wie sie gelebt haben, sie haben nix machen können. Sie sind aufm Lotterbett herumgelegen und haben sich im Geist ausgedacht, was sie alles anstellen würden und wen sie alles ins Feuer führen würden, *wenn* ... kurz, verpfuschte Existenzen. Oder ein geborener Rockefeller ohne Anfangskapital! Was nutzen ihm die Fusionspläne? Wie soll er wen hereinlegen ohne Zugang zu den betreffenden Kreisen? Sie können keine Löhne kürzen, wenns keine auszahlen. Aber ich bin vom Thema abgekommen, ich wollt nur feststellen: Sie können alles tun mit einer Gelegenheit, nix ohne.

Der langen Rede kurzer Sinn: Sie müssen eine Gelegenheit finden bei die Weiber, sonst ists Essig. Ein Freund von mir ist einmal hinter einer kleinen Blonden hergewesen, einer Verkäuferin in einem von diesen winzigen Hutläden, wo sonst nur noch eine Direktrize ist, wo scharf aufpaßt. Und er hat natürlich keine Hüt aufprobieren können, damit er ins Gespräch mit ihr gekommen wär. Nach Geschäftsschluß ist sie Tag für Tag von einer jüngeren Schwester abgeholt worden, wo in der Näh angestellt war und mit ihr nach Haus gefahren ist. Nicht ranzukommen also. Sie war keine von denen, dies in der Straßenbahn anreden können, wo sich gleich ein animiertes Gespräch entwickelt mit witzigen Antworten, über die alle lachen. Eher ein stiller Typ, was man anständig nennt, und mit Recht. Die Sach ist faul gestanden, mein Freund hat schon gedacht, er muß sie aufgeben, da hat sich endlich eine Gelegenheit gefunden. An einem Winterabend ist er hinter ihr auf die Trambahn aufgestiegen und sie war so voll, daß die zwei Mädchen haben auf der Plattform stehen müssen. Er ist hinter der kleinen Blonden gestanden und zuerst hat er geflucht, weil er ausgerechnet an dem Tag zwei Paket gehabt hat, aber glücklicherweis hats genügt, daß er eng hinter ihr gestanden ist, wie er schnell gemerkt hat. Die Trambahn ist durch Anlagen gefahren und an einer Haltestell hat sie ihrer Schwester zugerufen, sie hat was liegenlassen und muß noch einmal zurück und ist abgestiegen. Er hat in einer Sekund seinen Entschluß fassen müssen. Es hätt schlecht ausgeschaut, wenn er hinter ihr ausgestiegen wär, mitten in den Anlagen, sie hätt sich vor ihrer Schwester scheniert und so was spielt eine Roll. Besonders in Zeitnot. So ist er stehen geblieben und hat das Risiko auf sich genommen. Warum, sie hätt gradsogut zur Besinnung kommen können, nach einer so flüchtigen Vorbereitung, mit zwei Paket in die Händ. Er ist an der nächsten Haltestell herunter und richtig, sie hat eben in die nächste Bahn aufsteigen wollen, wie er zurückgekommen ist. Im letzten Moment hat er sie noch erwischt und sie sind in die Anlagen gegangen. Der Schnee hat sie nicht wesentlich gehindert, es sind immer nur die Menschen, die das Hindernis ausmachen, das ist ja bekannt.

Die Bosheit und der Neid von die Menschen ist unglaublich. Wie ich einmal bei einem Bankier in das Badezimmer eine Telefonleitung gelegt hab, und die Frau des Bankiers zuschauen gekommen ist, ist die Zof drei Mal hereingekommen und hat gestört. Das zweite Mal hat sie sehen müssen, daß die Gnädige ihre Pyjamahosen nur mit knapper Not noch hat halb heraufziehen können, und ich hab mich an die Wand anpressen müssen wie ein Heftpflaster und doch ist sie noch ein drittes Mal hereingekommen. Das sind Gemeinheiten, die einen zum Menschenfeind machen können.

Es ist nicht gesagt, daß die feinen Weiber den Komfort über alles schätzen, sie schätzen ihn nicht über *alles*. Sie scheuen auch die größte Unbequemlichkeit nicht, wenns nicht anders geht, aber natürlich ein gewisses Nachaußenhin müssens aufrecht erhalten. Das ist das einzige, was von ihnen verlangt wird, das müssens beherzigen. Ich bin, wenns hart auf hart geht, auf der Seit von den Dienstboten und nicht von der Herrschaft, aber man braucht die Politik nicht in das Badezimmer tragen, und zumindest hätt das Aas auf mich Rücksicht nehmen können, ich zwiebel sie doch nicht so wie die Gnädige. Sie kann vielleicht einen Hut kriegen von ihr auf die Weis, was auch noch nicht sicher ist, weil, wer glaubt ihr schon? – Aber wie gesagt, ich finds unmenschlich. Die Bankiersfrau, eine sportliche Person, aber mit bissel zu weichem Fleisch am Hintern und einem störenden Lachen, weils überflüssig war, ist mir ziemlich ausgehungert vorgekommen, nur, das kann täuschen, denn unser Major im Krieg, der 270 Pfund gewogen hat, und schon zum Frühstück habens ihm einen jungen Hahn gebraten und dazu hat er drei, vier Eier verdrückt, war am Mittag auch schon wieder so ausgehungert, daß er in die Küch gegangen ist und vom Topf Suppe geschöpft hat. Trotzdem, Sie müssen sich die Gelegenheiten suchen und sind drauf angewiesen, daß was Unvorgesehenes auftaucht.

Wie gesagt, die Strapazen scheuens nicht. Ich habs mit einer auf der Trepp gemacht, sie ist nicht einmal bis zum Teppich gerutscht, sondern hat sich auf den blanken Marmor gesetzt und eine ist auf der niedern, eisernen Einfassung von einem Blumenbeet in einem Park dabei gesessen und hat sich mit den beiden Händen nach hinten aufm Gras stützen müssen; die Hos hat sie sich mit einem einzigen Griff einfach aufgerissen, nicht erst ausgezogen. Und wir hättens bequem im Cardillac machen können, aber da hätt sie mich hinten in den Fond hereinrufen müssen und sie ist lieber ausgestiegen und hat sich an den Wegrand gestellt und den Mond angeschaut und zum Zurückgehn haben wir keine Zeit gehabt.

Die Gelegenheiten sind dünn gesät.

Wenn ich allein dran denk, was der Standesunterschied ausmacht! Ich hab extra die Beispiele aus den höheren Kreisen genommen, weil der Standesunterschied auch wieder eine Schranke ausmacht, wo manchmal unübersteiglich ist. Es findet und findet sich keine Gelegenheit. Eine Tochter von einem Bierbrauer, bei dem ich ein halbes Jahr Schofför war, hab ich schon so weit gehabt, daß sie mich hat in einer Buchhandlung eine Kollektion von schlüpfrigen Bücheln abholen lassen, und wie ich sie ihr ins Boudoir gebracht hab, hat sie mich nach meiner Meinung gefragt und ob ich auch find, daß solches Zeug in Wirklichkeit gar nicht aufregend ist heutzutage, und wie ich eben antworten wollte, daß ich die Sachen nicht schlecht find, besonders einige, ist ihre Mutter hereingekommen, und da haben natürlich die zwei die Bücheln allein angeschaut und ich hab abziehen können mit den Erinnerungen. Zwei Wochen hab ich sie nicht allein getroffen, dann hab ich ihr an einem Vormittag auf der Chaussee das Fahren gelernt. Sie hat sich auf meinen Schoß gesetzt, daß ich das Volant hab kontrollieren können, und ich kann Ihnen versichern, die hat ihren Hintern mehr gedreht als das Volant und ganz andere Kurven damit genommen als die vom Weg, wie ein Motorradfahrer vorbeigekommen ist, und was soll ich Ihnen sagen, er hat die Frechheit und hält an und steigt ab zum Zuschauen. Das hat ihr einen Chok versetzt und sie hat gesagt, sie muß in einer richtigen Fahrschul weiterlernen, kein Wunder! Eine Kleine, Füllige.

Sie hat einen Verlobten gehabt, einen Referendar, und wieder ein paar Wochen später haben sie einen Ausflug mitm Daimler gemacht und wie wir am Abend zurückgefahren sind, hab ich gemerkt, daß hinten was vorgeht. Ich hab den Spiegel nicht extra rücken wollen, das wär aufgefallen, so war ich auf meine Ohren angewiesen, aber ich hör ausgezeichnet. Es hat mich verärgert, sie haben schließlich genug Örter gehabt zur Verfügung, es hat nicht im Auto sein müssen. Eine Taxe ist was andres, da kennt man den Schofför nicht und sieht ihn nicht am nächsten Morgen.

Aber wies schon geht, grad das hat die Gelegenheit ergeben. Ich wasch eben meine Händ an der Pumpe in der Garage, da kommt sie herein und stracks auf mich zu und langt mir hin und es ist mir eine liebe Erinnerung.

Aber wie gesagt, manchmal macht sich der Standesunterschied stark geltend wie bei der Baronin Gelstetten, die mir parduh hat einreden wollen, ich bin kein Schofför, sondern ein Gentleman, der nur die Stellung genommen hat, daß er ihr nah ist. Ohne die Illusion hätts sies nicht machen können.

Manchmal freilich wundert man sich auch, wie eine Gelegenheit entstehen kann, wos mans nicht gedacht hätt. Ihre Zof hat mir von der Frau von einem Reeder erzählt, der die Frau mit seinem Geiz und seiner Eifersucht zur Verzweiflung getrieben hat; er war aus lauter Geiz eifersüchtig und hat sie auf Schritt und Tritt bewachen lassen. Sie war am Schluß so mit den Nerven herunten, daß sie einen Spezialisten hat aufsuchen müssen, der sie von allen Seiten anilisiert hat, und dafür hat er noch 100 Mark für jedes Mal berechnet! Das erinnert mich an die Geschicht von der Frau, die ihr Mann, obgleich sie die schwarzen Blattern gehabt hat, in Kohlenkeller gesperrt hat, wie er Biertrinken gegangen ist, damit sie ihm nicht verführt wird, und im Kohlenkeller war zufällig ein Landstreicher, der bei der versperrten Kellertür nicht hat fliehen können, wie sie ihn überfallen hat, und außerdem hat sie ausnützen können, daß er in der Dunkelheit nichts gesehen hat.

Aber im allgemeinen gibts, wie gesagt, zu wenig Gelegenheiten und darum müssens die Leut auf die unbequemste Art machen, im Kino, aufm Küchentisch, im Wasser, im Lift und unter Umständen auf die Bäum.

Ich hab übrigens festgestellt, daß die Menschen sinnlich werden, wenns was erfinden.

Umgekehrt ist es gewöhnlich, nämlich daß Liebe erfinderisch macht, so daß sterbende Großmütter und was weiß ich erfunden werden, nur daß man ins Bett kommt und im Bett Stellungen, daß es einem Akrobaten grausen könnt, aber eine Goubernant bei dem Bankier war anders herum. Mit der bin ich allein im Wagen in einen Kurort gefahren und wir haben im Gasthof übernachtet und kein Mensch hätt uns dreinreden können und nichts war mit ihr zu machen. Aber bei einer Gesellschaft, wo ich immerfort hab Herrschaften bringen müssen und sie nach ihr die Gnädige geschrien hat, hat sie mir unbedingt aufm Hausboden einen Geist zeigen müssen, der sie erschreckt hat, und so fein sie war, hat sie mir doch zwischen die Beine gegriffen, wie ich eine Leiter hinaufgestiegen bin, und auch nachher ist sie nur warm geworden, wenn ich mich erst auf den Linoleum gelegt und ihr von unten untern Rock geschaut hab, und dabei hat sie noch gern was grad in der Hand gehabt, das sie nicht hat weglegen können. Vielleicht wars, weil sie religiös erzogen war, so daß ihre Fantasie verdorben gewesen ist.

Andere habens gern gehabt, wenn ich was erfunden hab. Die Tochter von dem Bierbrauer hab ich schon drei Mal durchgezogen gehabt und sie hat sich immer noch gestellt, als kennt sie mich nur ganz oberflächlich, auch wenn wir allein waren, und ich hab sagen müssen, daß das Benzin ausgegangen ist, damit sie mit in die Büsch gegangen ist. Wahrscheinlich hat sie eben nur das für eine gute Gelegenheit gehalten.

Wie gesagt, Sie können nichts machen mit die Weiber ohne eine Gelegenheit.

Über Liebe auf den ersten Blick

Es kommt natürlich vor, daß man eine hübsche Person sieht und sich sagt: Die oder keine, wenns auch übertrieben ist, denn wo käm man da hin?

Es ist auch oft trügerisch, denn ein hübsches Lärvchen besagt nicht viel, die Betreffende kann im Bett eine Enttäuschung sein, und wie. Und warum? Das Auge trügt.

Es ist was dran: wenn eine hübsch gewachsen ist, zieht sie die Aufmerksamkeit frühzeitig auf sich, sie geht anders, schwenkt zum Beispiel den Hintern oder so, weil man von ihr was erwartet, macht sich Gedanken, sitzt vielleicht länger im Bad als eine andere und wird so langsam etwas sinnlicher, das kann sein. Aber es führt nicht immer sehr weit und die Hälfte aller Filmstars etwa würd ich nicht mit der Feuerzange anfassen, oder sagen wir, ich würd mir nicht ein Bein ausreißen.

Mit der Zeit kriegt man eine Art Erfahrung und weiß dunkel, was man sich erwarten kann von dem oder dem Typ, und man sammelt seine Anzeichen. Die Lippen sollte man immer zu Rat ziehen. Noch wichtiger ist die Stimme. Man soll auch immer beobachten, was eine aus ihrem Hintern macht.

Jedenfalls soll man sich nicht von Äußerlichkeiten bestechen lassen. Manche ist verhältnismäßig unscheinbar oder hat irgendeinen kleinen Schönheitsfehler, ist aber eine wirkliche Aquisition im Bett und lohnt sich.

Ich will aber auf was anderes kommen, nämlich: es ist nicht immer so, daß man durch eine bestimmte Persönlichkeit auf den Gedanken kommt, man will vögeln. Oft geht man auch einfach in der Frühe weg und weiß, heut ist es am Platz. An einem solchen Tag hat man ein schärferes Aug für die weiblichen Reize, weil man eben aufgelegt ist. Das kommt in den meisten Romanbücheln nicht richtig heraus. Da geht einer herum wie ein leeres Blatt, denkt an nichts Schlechtes und plötzlich kommt die Liebe in sein Leben, er sieht eine, über die kann er nicht zur Tagesordnung übergehen, er ist gerührt, daß es so was Wunderbares und eventuell Reines gibt, und muß sehen, wie er sie möglichst schnell fickt.

Wie gesagt, es kommt vor, aber ist es die Regel? Jedenfalls nicht mit mir. Ich rechne unter die Liebe auf den ersten Blick nicht, wenn mein Aug auf den Hintern von einer Reinmachefrau fällt und ich mir was Angenehmes denken könnt, was sofort stattfindet. Das ist eher ein solcher Tag, wo man aufgelegt ist und sich umschaut.

Die menschliche Natur, von der ich rede, hat sogar ihre Nachteile. Wenn es eine Besondere ist, die mich auf den Gedanken bringt, auch ohne daß sie sich in der richtigen Perspektive bückt oder ihr Brustausschnitt sich verschiebt, dann kann ich mir einen Plan machen und mir Zeit nehmen, daß ich sie mir beibieg. Kommt Zeit, kommt Rat, und irgendeinen unschuldigen Anknüpfungspunkt wirds doch geben. Aber an einem solchen lüftigen Tag, wie ich ihn im Aug hab, muß rasch gehandelt werden. Und da spielt es eine verhängnisvolle Rolle, daß die Tage für mich und sie womöglich nicht zusammenfallen, das heißt, sie ist nicht in der Stimmung. Gestern hätt sie mit sich reden lassen, morgen würd sie vielleicht sogar ein übriges tun, heut wascht sie nur den Boden und basta.

Man merkts meistens schon, wenn man den ersten Schritt tut. Sagen wir, man gibt ihr einen anzüglichen Klapps, nur um überhaupt einmal einen Anfang zu machen. Es ist unglaublich, wie stumpf und fantasielos so eine sein kann, wenns nicht ihr Tag ist. Es ist, als ob ihr Gehirn nicht funktioniert. Sie weiß überhaupt nicht, was sie von ihr wollen und hälts womöglich für einen harmlosen Scherz. Oder, noch schlimmer, für eine Ungehörigkeit. Es kommt da auch dazu, daß so ein Klapps an und für sich keine direkte Wirkung ausübt, wie etwa ein Griff an die Brust. Der letztere elektriziert unter Umständen und verändert die Situation. Aber mit dem könnens nicht anfangen, es ist schon zu ausgesprochen. So plagen Sie sich halt herum und reden hin und her und halten sie nur bei ihrer Arbeit auf und hoffen lediglich, daß ihre besondere Stellung, daß sie den Hintern herausstrecken muß, ein gewisses Gefühl in ihr erweckt, aber das ist eine Täuschung. Sie hat nur das Gefühl, daß Bodenaufwischen ihr nicht gefällt.

Sie spekulieren darüber, wie angenehm es wär, wenn sie Vernunft hätt, und daß sie womöglich nicht einmal eine Hose anhat, nur den Rock aufheben und hinlangen zwischen die Schenkel und etwas herummachen, bis sie gut naß ist, und sie seufzt nur und hört auf mitm wischen, bleibt aber in der Stellung, damit nicht unnötige Zeit verloren wird, jedenfalls bis er drinnen ist, dann kann sie sogar heruntergehen, wenn langsam und vorsichtig, und bis sie dann ins richtige Ficken kommt und mitmacht und zeigt, daß es ihr Ernst ist, und am Schluß zusammenfallt, dahin ist nur noch ein Schritt.

Manche lassen dich nur drüber, weils einen Zorn auf dich haben. Die Nichte von einem Professor, die ich im Kino kennengelernt hab, hat mir gestanden, daß sies immer wieder mit ihrem Onkel macht, weil er zu gelehrt daherredet. Sie ist in einer größeren Gesellschaft visavis von ihm gesessen und er hat was Historisches und Langes geredet und sie ist so wütend geworden, daß sie ihn nicht verstanden hat, und er hört nicht auf, daß sie sich nur hat helfen können, indem sie sich so gesetzt hat, daß er ihr untern Rock hat schauen können beim Reden. Sie hat diese winzigen Schlüpfer getragen, wo nur eben knapp den Geschlechtsteil bedecken, und sie hat damit gerechnet, daß er den Schlüpfer überhaupt nicht entdeckt und glaubt, er schaut ihr direkt in die Fotze. Sie hat sich gedacht, sie bringt ihn so draus, das ist ihr freilich nicht gelungen, gelehrt er hat Reden, ohne seinen Kopf dabei zu haben, rein mechanisch, aber wie sie aufgestanden und hinausgegangen ist, ist er ihr in den Garten nachgekommen. Sie hat gewußt, daß er es mißbilligt und verurteilt, wenn er seine Nichte fickt, und so hat sie aus Wut über sein unverständliches Gerede ihn damit bestraft, daß er sie auf der Gartenbank hat ficken müssen, und von da ab noch häufig an allen möglichen Orten. Ich hab selber einmal so was erlebt, wie ich auf der Plattform von einem überfüllten Ausflugszug von hinten angestoßen und auf eine Frau in mittlerem Alter geschupst worden bin. Sie hat sich geärgert und ihren Platz behauptet, indem sie sich hartnäckig mit einer gemurmelten, abfälligen Bemerkung gegen mich gestemmt hat. Sie hat ein dünnes Sommerkleid getragen und schon nach fünf Minuten gemerkt, daß es mir nicht unangenehm war, und wir sind dann zusammen Schwimmen und so weiter gegangen.

Wieder andre tuns aus Liebe. Ich hab einmal von einer gehört, die ihren Freund im Feld stehen gehabt hat, und sie hat ihm jeden Tag einen Brief schreiben müssen und er hat sich bei ihr beschwert, daß ihre Briefe so nervös sind und nicht lustig genug, als ob sie leidet. Sie ist zum Doktor gegangen und er hat ihr gesagt, kein Wunder, sie ist nervös, wenn sie keinen Geschlechtsverkehr hat, und er weiß überhaupt nicht, ob sie noch kann und nicht schon versauert ist. Er hat sie untersucht auf das hin, das heißt, sie hat sich auf den Tisch legen müssen und er hat ihr die Hand auf den Unterleib gelegt und sie drehende Bewegungen mit dem Hintern machen lassen. Dann hat er geprüft, ob sie naß geworden ist und also noch normal empfunden hat. Sie hat noch normal empfunden und ist sogar regelrecht gekommen, wie er sie zur Probe durchgezogen hat, kurz, sie war in Ordnung, und die Zeit, während der sie ab und zu zum Doktor gegangen ist und sich hat von ihm überwachen lassen, sind ihre Briefe nicht mehr nervös gewesen, und darauf ist es ihr ja angekommen, weil sie ihren Freund eben geliebt hat.

Eine hab ich gekannt, die hats gemacht zu soziologischen Studien, aus wissenschaftlichen Gründen. Sie hat herausfinden wollen, ob Unterschiede sind zwischen Hoch und Niedrig beim Geschlechtsakt, hat sie gesagt. Sie hat zum Beispiel im Auto einem gebildeten Mann, einem Professor, die Hand auf den Schenkel gelegt und studiert, wie er reagiert hat, sagen wir, wenn sie die Hand hat unbestimmt wandern lassen. Ob er etwa den Wagen noch eine Zeitlang – und wie lang – hat grad weitersteuern können. Und danach hat sies mit einem einfachen Schofför gemacht, dasselbe, wie er reagiert. Natürlich haben alle beide sie gefickt, aber verschieden. Der Schofför zum Beispiel hat darauf bestanden, daß sie mit ihm nach hinten in den Fond gegangen ist, wo er sie von vorn hat pudern können, der Professor hat sie sich nur neben dem Volant auf den Schoß gesetzt und sie angehalten, daß sie mit dem Hintern wackelt. Sie hat sich am End den Kopf darüber zerbrochen, welche Art die primitivere ist, es ist nicht leicht zu sagen. Einer hat ihrs, ein Ingenieur, im Stehen auf der Toilette machen müssen und sie hat während dem Akt »Sau« zu ihm gesagt und beobachtet, wie ers aufnimmt, und wie er sich nicht darum geschert hat, hat sie sich umgedreht und sich gebückt von hinten durchziehen lassen und ihn dabei gefragt, ob er auch seine Schwester so gefickt hat, aber gleichzeitig mit den Händen zurück an seine Eier gegriffen, damit es für ihn schwerer hat sein sollen, abzubrechen aus Entrüstung. Oder sie hat einem Boten, der einen

Hut hat bei ihr abgeben müssen, aufm Korridor ohne Überleitung gesagt »haben Sie zufällig einen langen Schwanz, und wenn ja, schenieren Sie sich bitte nicht«. Der Mann war ein wenig abgestoßen, sie hat noch den Rock hochheben müssen und sagen: »Dann wichs ich mir einen herunter, passen Sie auf.« Und sie hat im Stehen damit begonnen, bis er die Hutschachtel niedergesetzt hat und ihr interessanterweise gesagt hat, er muß eher ihren Arsch sehen als die Fotze, weil die ihm nichts sagt. Nicht bevor sie auf dem Sofa gelegen ist, den Rock hochgezogen, hat er sich herbeigelassen, den Geschlechtsakt zu vollführen.

Was es mit Sodom und Gomorrha auf sich hatte

Die Leut meinen immer, daß in Sodom und Gomorrha, den zwei Städten, die wegen ihrer Unsittlichkeit berühmt geworden sind, viel los war. Daß zum Beispiel der Vater es mit der Tochter gemacht hat und der Hund eifersüchtig geworden ist. Keine Rede.
Im Gegenteil: es ist nichts los gewesen. Sie habens natürlich so und so probiert, aber nichts ist draus geworden. Anders könnt ich es unmöglich unsittlich finden.

Ich red aus Erfahrung. Ich hab gesehn, daß in den besseren Kreisen – und wo anders kann man von Sodom und Gomorrha nicht reden – im allgemeinen nichts los ist.

Eine Frau von einem höheren Beamten hat sich von einem Freund von mir, der Versicherungsagent war, in einer Autogarage von hinten ficken lassen und dabei den Vergaser repariert und immerfort geredet. Und dabei eine junge, hübsche Person. Eine andere hab ich beobachtet, wie ich bei einem Dinner aushilfsweise bedient hab und hinterm Stuhl gestanden bin, was sie gewußt hat, und sie hat die Hand in der Hosentasche von dem Herrn neben ihr gehabt, aber nicht etwa, daß sie ein bißchen geschnauft hätte, so daß man hätte annehmen können, grad das Freche an der Situation macht ihr Spaß und nichts, als ob sies nötig gehabt hätte oder als ob es eine Gefälligkeit gewesen wäre, es war nur Langeweile und weil sie nicht für fünf Pfennig Fantasie gehabt hat.

Zu so einer Unsittlichkeit, wie man sie jetzt oft beobachten kann, hat der Sport viel beigetragen. Sie denken sich nichts dabei.

Dagegen war es, wenn eine Hitzige dem Beichtvater im Beichtstuhl einen abgeleckt hat in der guten alten Zeit, hochsittlich, weil die sich dabei wirklich was gedacht hat und einem Drang gefolgt ist, wenn auch am unpassenden Ort.

Einmal war ich fast betroffen, wie ichs einer, die schon zwei Mal geschieden war, mit der Hand gemacht hab, weil ich nie mit ihr allein hab sein können und sie naß geworden ist und sich bei mir entschuldigt hat, daß sie naß geworden ist. Sie hat sich scheints vorgestellt, es ist ihr passiert, daß sie ihr Wasser gelassen hat in der Verwirrung, sie hat das andere nicht gekannt.

Das sind Greuel.

Ich finds pervers, wenn eine, und ich sitz vorn am Volant, anfängt und wichst sich einen herunter, zuerst indem sie die Bein zusammenpreßt, damit ich nichts merk, und dann kann sie sich nicht mehr halten und nimmt doch die Hand am Schluß und schaut mir im Spiegel an der Windscheibe dabei verlegen ins Gesicht, es ist eine Verschwendung und ungesellig und alles mögliche, aber wenn ich seh, daß es ihr dabei kommt, bin ich mild und sag mir höchstens, die gesellschaftlichen Schranken zwischen uns hindern sie. Das ist doch natürlich. Ich beton, ich finds pervers, aber es ist kein Greuel.

Ich mein auch nicht, es ist unnatürlich, wenn eine mir beim Umkleiden vor dem Baden ganz ruhig den Geschlechtsteil zeigt und wenn sie sich kratzt dabei! Ich bin da einfach für sie kein Mann, sondern ein Schofför, sie ist so beschränkt durch ihre verkehrte Erziehung! Aber wenn sie einer fickt, muß sies merken, sonst wozu?

Ich hab eine gekannt, die hats für eine Schweinerei gehalten und es drum sich nicht tun lassen, ein Zimmermädchen. Meine Kammer war neben der ihren und einmal nachts hab ich sie nach der Uhr gefragt, wie sie grad sich gewaschen hat, sie hats im Hemd gemacht und ist im Zuber gestanden. Ich hab ihr angeboten, ich trocken sie gut ab, weil sie sich sonst verkühlt, dagegen hat sie nichts haben können. Ich hab mir beim Abtrocknen mit dem Handtuch Zeit gelassen und geredet und wie aus Zerstreuung hab ich sie zwischen den Beinen oben immer weiter gerieben. Sie war schon feuerrot und hat mir immer noch auf meine dummen Fragen geantwortet, wie sie schon gar keine Stimm mehr gehabt hat. Dann hab ich ihr hingelangt, ganz selbstverständlich, und ihre Haar gelobt unten und sie gefragt, ob sie schon ganz trocken ist, und sie hat zugeben müssen, daß nicht, und ich war erstaunt und hab nachgefühlt und hab sie ernsthaft gebeten, daß sie sich etwas regt, damit es zu laufen aufhört durch die Bewegung und ihr eine Hand auf den Hintern gelegt als Gegendruck. Sie hat sich ganz hübsch bewegt mitm Hintern, daß sie schnell trocken wird, und ich hab ihr rasch gezeigt, daß ich nicht naß war, sie hat sich überzeugt und sogar getan, als wundert sie sich und begreift es nicht. Ich hab sie aufs Bett legen dürfen, weil sie doch schon müd war vom Geschirrwaschen, und mich auf sie gelegt, damit es ihr warm wird. Ich hab ihn dann hineingegeben, weil er gestört hätt und wir nicht dicht hätten liegen können, und die Schenkel hat sie nur hochgezogen, damit ich bequem gelegen bin. Ich glaub, sie hat gedacht, sie rammelt nur so, damit sie den meinen wieder herausbringt, und wie es ihr gekommen ist, hat sie ganz erstaunt gesagt: Hoppla.

Ich nenn das Umstandskrämerei, aber es ist nicht ganz ohne Reiz und am Endeffekt änderts nichts.

Es ist nicht zu verwechseln mit der Schlamperei von denen, dies »natürlich« finden und für eine besonders natürliche Nahrung Kräutertee halten und den Geschlechtsverkehr als eine gesundheitliche Maßnahme ansehen und dafür sind, daß jeder im Interesse seiner ungeschmälerten Arbeitskraft regelmäßig seine Drüsen entleert.

Die Obige hat lediglich Wert darauf gelegt, daß es nicht aussieht, als ob sie drauf aus wär, und hat sich sozusagen überraschen lassen.

Das ist eher ein Beweis von Sittlichkeit.

Ich bin dagegen, daß man auf diesem Gebiet eng denkt. Nur muß, was man macht, einen Sinn haben, sonst ists unerlaubt.

Der vielbeschäftigte Geschäftsmann läßt sich beim Briefediktieren einmal einen ablecken, schön, das ist nebenbei und all das und könnte im Notfall unterbleiben, aber er muß einmal zucken oder so. Sonst ist es ein Greuel.

In Sodom und Gomorrha haben sie den ganzen Tag die Hände in Fotzen gehabt und nichts anderes gemacht als gefickt und geleckt und keinem ists gekommen.

Ich hab festgestellt, dass es meistens einen guten Grund hat, wenn es passiert; das Tier tuts aus reinem Instinkt, der Mensch hat seine Gründe. Die Fraun tuns häufig aus Güte. Die Kusine von der Frau des Fabrikanten auf dem Schloß Hohenstein hat, wie sie der Zofe gestanden hat, den Fabrikanten einfach nicht leiden sehen können. Er ist nachts vor ihre Tür gekommen; das allein hat bewiesen, daß er kein Auge hat zumachen können. Er hat ihr von seiner Einsamkeit erzählt und so hat sie sich im Hemd auf seinen Schoß gesetzt, damit er sich nicht so verlassen gefühlt hat. Er hat ihr das Hemd ganz in Gedanken hochgezogen und sie hat ihn drinnen gehabt, bevor sie an was Schlechtes gedacht hat, sie hat sich bloß eine Idee hochheben müssen. Sie hat sofort gefühlt, wie es ihm wohler wurde, wenn sie auch sein Gesicht nicht gesehen hat hinter sich, wie sie ein bißchen auf und ab gehutscht hat, daß es ihm richtig hat kommen können. Die Zofe hat irgendwie zugesehn, drum wußte sies. Sie war noch nicht fertig, wie er fertig war, und so hat sies nicht aushalten können, wie er danach Gewissensbisse gekriegt hat, weil er sich gefragt hat, ob er es seiner Frau gegenüber verantworten kann, wenn sie es erfährt. Zu der Zeit ist er neben ihr an der Tür gestanden und sie hat ihm verzeihend lächelnd zwischen die Beine in die Hosentasche gegriffen, bis ers ihr noch einmal gemacht hat, im Stehen; das Bett hätt zu sehr geknarrt, das hat sie von dem Mal mit dem Sekretär gewußt, dem armen Menschen, den seine Unterschlagungen nicht haben schlafen lassen. Sie hat sich auf die Bettpfosten gestützt und den Hintern stark herausgedrückt und damit eine drehende Bewegung vollführt. »Ists dir so recht?« hat sie ihn mehrmals gefragt, bis es ihr gekommen ist; ich bin überzeugt, daß die Zofe beim Zuschauen nicht schlecht gewichst hat, und ich hab sie im Verdacht, daß sie mit dem Fabrikanten daraufhin gefickt hat, obwohl sie ihn verachtet und ihm das Schlechteste gewünscht hat.

Editorische Notiz

Die Mehrzahl der Dialoge ist im Sommer und Herbst 1940 in Finnland entstanden. Zusätzliche Texte hat Brecht 1942 in den USA geschrieben; dabei ist es zu der versehentlichen doppelten Zählung bei den Abschnitten 12 bis 14 gekommen. Brecht hat die Anordnung der Texte durch handschriftliche Zählung der Manuskriptseiten festgelegt, nicht aber die Abschnitte neu durchnumeriert.

Orthograpische Besonderheiten (Massör, Schofför u.a.) sind erhalten; auf die Verwendung von Apostrophen wird weitgehend verzichtet.

Zu den Stichworten »verwalten« und »schlecht verwalten« (S. 118) gibt es keine Schriftzeichen.

Wolfgang Jeske

INHALT

1 Über Pässe / Über die Ebenbürtigkeit von Bier und Zigarre / Über die Ordnungsliebe 7
2 Über niedrigen Materialismus / Über die Freidenker / Ziffel schreibt seine Memoiren / Über das Überhandnehmen bedeutender Menschen 15
3 Über den Unmenschen / Geringe Forderungen der Schule / Herrnreitter 24
4 Das Monument des großen Dichters Kiwi / Die armen Leute werden tugendhafter erzogen / Pornographie 31
5 Ziffels Memoiren II / Schwierigkeiten der großen Männer / Ob der Wieheißterdochgleich ein Vermögen besitzt 40
6 Trauriges Schicksal großer Ideen / Die Zivilbevölkerung ein Problem 47
7 Ziffels Memoiren III / Über Bildung 51
Über den Begriff des Guten / Die deutschen Greuel / Konfutse über die Proleten / Über den Ernst 56
8 Die Schweiz, berühmt durch Freiheitsliebe und Käse / Vorbildliche Erziehung in Deutschland / Die Amerikaner 64
9 Frankreich oder der Patriotismus / Über Verwurzelung 71
10 Dänemark oder der Humor / Über die Hegelsche Dialektik 76
11 Schweden oder die Nächstenliebe / Ein Fall von Asthma 83
12 Lappland oder Selbstbeherrschung und Tapferkeit / Ungeziefer 92
12 Über Demokratie / Über das eigentümliche Wort »Volk« / Über die Unfreiheit unter dem Kommunismus / Über die Furcht vor dem Chaos und dem Denken 96

13 Das Denken als ein Genuß / Über Genüsse / Wortkritik / Das Bürgertum hat keinen Sinn für Geschichte 101
13 Über Herrenrassen / Über die Weltherrschaft 109
14 Eine Erfindung zweier ausgeruhter Köpfe: Die Ziffel- und Kalleschrift 115
14 Ziffel erklärt seinen Unwillen gegen alle Tugenden 120
15 Kalles Schlußwort / Eine ungenaue Bewegung . . . 122

Zu den »Flüchtlingsgesprächen« gehörende Texte

Ziffels Lied 124
Diese Wissenschaft ist zu spät ins Leben gerufen worden 124
Was mich gleich abgestoßen hat 128
Ich kann nicht sagen, daß ich das Phänomen 130
Was haben Sie gegen die Philosophie? 131
Schlimmer ist, daß bei Meinungsfreiheit. 132
Der Idee, daß man den Faschismus aushalten könnt . . 132
Ich erinner mich an einen Massör 133
Das ist seine Natur 133
Über Gelegenheiten / Erfindung macht verliebt 134
Über Liebe auf den ersten Blick. 139
Was es mit Sodom und Gomorrha auf sich hatte 144
Ich hab festgestellt, daß es meistens einen guten Grund hat. 147

Bertolt Brecht
im Suhrkamp und im Insel Verlag
Eine Auswahl

Werkausgaben

Werke. Große kommentierte Berliner und Frankfurter Ausgabe. 30 Bände (in 32 Teilbänden) und ein Registerband. Bearbeitet von Hermann Kähler. Leinen. 20 650 Seiten

Ausgewählte Werke in sechs Bänden. st 3732. Sechs Bände in Kassette. Broschur. 4000 Seiten

Stücke

Der aufhaltsame Aufstieg des Arturo Ui. es 144. 134 Seiten

Aufstieg und Fall der Stadt Mahagonny. Oper. es 21. 112 Seiten

Baal. Drei Fassungen. Kritisch ediert und kommentiert von Dieter Schmidt. es 170. 232 Seiten

Baal. Der böse Baal der asoziale. Texte, Varianten, Materialien. es 248. 256 Seiten

Die Dreigroschenoper. Nach John Gays »The Beggar's Opera«. es 229. 128 Seiten. BS 1155. 106 Seiten

Frühe Stücke. Baal. Trommeln in der Nacht. Im Dickicht der Städte. st 201. 209 Seiten

Furcht und Elend des Dritten Reiches.
es 392. 144 Seiten

Die Gewehre der Frau Carrar. Unter Benutzung einer Idee von J.M. Synge. es 219. 80 Seiten

Der gute Mensch von Sezuan. Parabelstück. es 73. 160 Seiten

Die heilige Johanna der Schlachthöfe. es 113. 160 Seiten

Herr Puntila und sein Knecht Matti. Volksstück. es 105. 144 Seiten

Die Hochzeit und andere Einakter. es 2198. 189 Seiten

Die Judith von Shimoda. Nach einem Stück von Yamamoto Yuzo es 2470. 160 Seiten

Der kaukasische Kreidekreis. es 31. 144 Seiten

Leben des Galilei. Schauspiel. es 1. 161 Seiten

Mann ist Mann. Die Verwandlung des Packers Galy Gay in den Militärbaracken von Kilkoa im Jahre neunzehnhundertfünfundzwanzig. Lustspiel. es 259. 112 Seiten

Die Maßnahme. Zwei Fassungen. Anmerkungen. Zusammengestellt von Judith Wilke. es 2058. 112 Seiten

Mutter Courage und ihre Kinder. Eine Chronik aus dem Dreißigjährigen Krieg. es 49. 128 Seiten

Schweyk im zweiten Weltkrieg. es 132. 106 Seiten

Gedichte

Ausgewählte Gedichte. Ausgewählt von Siegfried Unseld. Mit einem Nachwort von Walter Jens. es 86. 112 Seiten

Bertolt Brechts Hauspostille. Mit Anleitungen, Gesangsnoten und einem Anhang. st 3041. 160 Seiten

Buckower Elegien. Mit Kommentaren von Jan Knopf. es 1397. 144 Seiten

Das große Brecht-Liederbuch. Herausgegeben und kommentiert von Fritz Hennenberg. Musik von Bertolt Brecht, Franz S. Bruinier, Kurt Weill, Hanns Eisler, Paul Dessau, Rudolf Wagner-Régeny, Kurt Schwaen. Drei Bände. 516 Seiten. Gebunden. st 1216. 533 Seiten

Die Gedichte. Herausgegeben von Jan Knopf. Gebunden. it 3331. 1646 Seiten

Gedichte über die Liebe. Ausgewählt von Werner Hecht. BS 1161. 256 Seiten. st 1001. 249 Seiten

Gedichte und Lieder. Ausgewählt von Peter Suhrkamp. BS 33. 176 Seiten

Hundert Gedichte. Ausgewählt von Siegfried Unseld. st 2800. 188 Seiten

Liebesgedichte. Herausgegeben von Elisabeth Hauptmann. IB 852. 72 Seiten

Liebesgedichte. Ausgewählt von Werner Hecht. it 2824. 117 Seiten

Prosa

Die unwürdige Greisin. Und andere Geschichten.
Zusammengestellt und mit Anmerkungen versehen von
Wolfgang Jeske. st 1746. 220 Seiten

Dreigroschenroman. st 1846. 394 Seiten

**Die Flaschenpost und andere Geschichten aus der
Weimarer Zeit.** Herausgegeben und mit einem Nachwort
versehen von Jan Knopf. it 2948. 249 Seiten

Flüchtlingsgespräche. Erweiterte Ausgabe.
BS 1274 und st 3129. 152 Seiten

Geschichten vom Herrn Keuner. Zürcher Fassung.
Herausgegeben von Erdmut Wizisla. Kartoniert. 128 Seiten

Geschichten vom Herrn Keuner. st 16. 128 Seiten

Kalendergeschichten. Mit einem Nachwort von Jan Knopf.
BS 1343. 153 Seiten. st 3443. 152 Seiten

Prosa. Sämtliche Prosa in einem Band. Broschur. 1782 Seiten

Notizbücher

Notizbücher. Band 1: 1918-1920. Herausgegeben von Martin
Kölbel und Peter Villwock. Broschur. 481 Seiten

Notizbücher. Band 2: 1920. Herausgegeben von Martin Kölbel und Peter Villwock. Broschur. 657 Seiten

Notizbücher. Band 7: 1927-1930. Herausgegeben von Peter Villwock. Broschur. 542 Seiten

Briefe

Briefe. Zwei Bände. Herausgegeben und kommentiert von Günter Glaeser. Gebunden. 1175 Seiten

»ich lerne: gläser + tassen spülen«. Der Briefwechsel mit Helene Weigel 1923–1956. Gebunden. 402 Seiten

Über Bertolt Brecht

Bertolt Brecht. Sein Leben in Bildern und Texten. Mit einem Vorwort von Max Frisch. Herausgegeben von Werner Hecht. Gestaltet von Willy Fleckhaus. st 3217. 351 Seiten. it 1122. 351 Seiten

Hans Mayer. Erinnerung an Brecht. Englische Broschur. 121 Seiten

Werner Hecht. Brecht Chronik 1898-1956. Broschur. 1316 oder 1465 Seiten

alles was Brecht ist … Fakten – Kommentare – Meinungen – Bilder. Begleitbuch zu den gleichnamigen Sendereihen von 3sat und S2 Kultur. Herausgegeben von Werner Hecht. Broschur. 315 Seiten

James K. Lyon. Bertolt Brecht in Amerika. Übersetzt von Traute M. Marshall. Gebunden. 527 Seiten

Jan Knopf. Bertolt Brecht. Leben, Werk, Wirkung. sb 16. 157 Seiten

Graphic Novel

Geschichten vom Herrn Keuner. Graphic Novel von Ulf K. st 4517. 130 Seiten

Filme

Bertolt Brecht/Hanns Eisler/Slatan Dudow. Kuhle Wampe oder Wem gehört die Welt? DVD mit einem umfangreichen Booklet. fes 2

Suhrkamp BasisBibliothek

Der Aufstieg des Arturo Ui. Mit einem Kommentar von Annabelle Köhler. SBB 55. 182 Seiten

Aufstieg und Fall der Stadt Mahagonny. Mit einem Kommentar von Joachim Lucchesi. SBB 63. 160 Seiten

Die Dreigroschenoper. Der Erstdruck 1928. Mit einem Kommentar von Joachim Lucchesi. SBB 48. 170 Seiten

Der gute Mensch von Sezuan. Mit einem Kommentar von Wolfgang Jeske. SBB 25. 224 Seiten

Der kaukasische Kreidekreis. Mit einem Kommentar von Ana Kugli. SBB 42. 192 Seiten

Leben des Galilei. Schauspiel. Mit einem Kommentar von Dieter Wöhrle. SBB 1. 192 Seiten

Mutter Courage und ihre Kinder. Eine Chronik aus dem Dreißigjährigen Krieg. Mit einem Kommentar von Wolfgang Jeske. SBB 11. 185 Seiten